销售一定要会的心理学

——99% 的金牌销售都在用的销售软技巧

李华　著

北京联合出版公司
Beijing United Publishing Co.,Ltd.

图书在版编目（CIP）数据

销售一定要会的心理学 / 李华著 . -- 北京：北京联合出版公司 , 2016.11
（2017.3 重印）

ISBN 978-7-5502-9129-4

Ⅰ . ①销… Ⅱ . ①李… Ⅲ . ①销售 – 商业心理学 Ⅳ . ① F713.55

中国版本图书馆 CIP 数据核字 (2016) 第 274706 号

销售一定要会的心理学

作　　者：李 华
责任编辑：龚　将　夏应鹏

北京联合出版公司出版
（北京市西城区德外大街 83 号楼 9 层　100088）
北京时捷印刷有限公司印刷　新华书店经销
字数 151 千字　787mm×1092mm　1/16　14.5 印张
2016 年 11 月第 1 版　2017 年 3 月第 2 次印刷
ISBN 978-7-5502-9129-4
定价：48.00 元

前　言

　　为什么你对顾客一片真诚和热情招呼，他却望而却步，急匆匆地逃离了你的视野？

　　为什么赞美你，夸奖你人好、产品好的顾客却不买你的产品，那些挑毛病的顾客却成了你忠实的买家？

　　为什么你不卖给他，他却偏要抢购？

　　……

　　在产品营销中，这些看似很简单的行为背后，却蕴含着很复杂的人类心理关系。销售就是买卖双方的一个心理博弈过程，作为一名销售人员，只有摸透了客户的心，看清客户的消费心理，洞悉客户的心理变化，见招拆招，才能让销售成功变得简单而高效。

　　销售是一项伟大的事业、艰苦的事业，也是一门科学、一门艺术，更是一场销售人员与客户的心理战。销售人员在业内的业绩如何，更多地取决于你对客户采用什么样的心理战术。不管你是采取赞美术、面子术、幽默术，抑或是采用了心理暗示、心理诱导，只要能让客户达成最后的交易，你就是个成功的销售员。

　　"成功的销售人员一定是个伟大的心理学家。"这是销售行业的一句名言。实际上，每个销售人员从开始接触客户，到完成交易，到维持长久的客户关系，他所需要的不仅仅是热情细致的产品服务，更多的是需要跟客户进行心理上的博弈。在这个过程中，销售人员必须了解客户的心理，清楚客户的所思所想，迎合客户的所需所求，只有这样，才能更好地完成自己的销售工作，提升自己的销售业绩。

　　"要想钓到鱼，就要像鱼儿那样去思考"，销售人员要想提高自己的销售业绩，就必须要站到客户的角度去思考问题，弄清楚客户心里到底在思考什么。当下是一个网络时代、一个竞争时代、一个透明的时代，客户也变得越来越聪明，越来越挑剔。在激烈的营销战争中，作为冲锋在第一线的销售人员，面临很多困难，要想成功地销售自己的产品，很大程度上取决于销售人员对客户的心理掌控能力。"工欲善其事，必先利其器"，销售人员要想从客户的口袋里掏钱，只有将自己手中的武器磨得足够锋利，有效掌握销售的心理策略，才能信心百倍地面对客户的挑剔，赢得一次又一次的胜利。

　　本书主要讲述了在销售中最常见的营销心理学故事和心理分析，通过实际案例解读销售心理的种种玄机，并提出了具体的心理策略和方法。希望通过本书，能够让征战一线的销售人员了解更多的销售心理学方面的专业知识，在轻松的阅读中掌握销售技巧，更好地掌控客户，提高销售业绩，成为销售行业的佼佼者！

目 录

第6章 对待不同客户的心理策略

第 *1* 章
销售人员必懂的心理效应

销售是一场心理战，成功的销售员一定是个伟大的心理学家。要想在销售中钓到大鱼，就要像鱼儿那样去思考，去琢磨客户的心理，只有走进了他们的内心世界，你才能抓住客户的所思所想，最终达成交易。因此，销售人员一定要懂一些最基本的心理效应。

首因效应：给客户美好的第一印象

※ 心理学故事

某罐头厂新研制了一种产品，工厂派一名女销售员去一家贸易公司进行推销。当她见到经理，很快地从包中取出两瓶罐头样品怯生生地说："你好，这是我们罐头厂新研制的一种产品，想委托贵公司销售。"这家贸易公司经理好奇地打量了一眼面前的这位女销售员后，就在他要回绝她的时候，他被领导叫过去开会，他便随口对站着的女销售员说了声："你稍等。"

当这名经理从会议室出来之后，早已忘了他还曾让那位女销售员在办公室等他。就这样，那名女销售员整整坐了几个小时。快到下班的时候，这位经理才想起等他回话的女销售员，看到她竟然还在等。面对如此老实又有点生涩的销售人员，这名经理觉得这名女销售员比起那些乱吹一气的销售人员来说更让他感到心里踏实，于是他爽快地答应了她的请求。

由此案例可以说明，作为一名合格的销售人员，在与顾客交往的过程中，首先就是要用自己的人格魅力去吸引客户。在销售过程中，销售人员应该尽可能地给客户留下良好的"第一印象"，从而博得客户的好感和认可。"你的形象就是你的名片。"即人与人第一次交往中给人留下的印象，在对方的头脑中形成并占据着主导地位的一种反应。在心理学中这种第一印象的心理效应即为"首因效应"。

初次见面给对方的印象会根深蒂固地驻留在对方的脑海里，如若当时你穿着得体，举止优雅，言语礼貌，那么就会使对方心生好感，认为你是个有修养、懂礼仪的人，从而愿意今后与你交往；倘若你当时服饰怪异、态度傲慢、言语过于粗俗，对方就会认为你是个没有修养、不求上进的人，从而心生厌恶，不愿意和你继续交往。即使你今后改正了自身的缺点，也难以重获对方的好感，这就是首因效应的作用。

尤其作为销售人员，如果在客户看到你第一眼时就把你淘汰了，那么你要想在客户心里翻身就得付出十倍、百倍的努力。因此，第一眼印象就赢得客户的好感是每位销售人员必须要努力做到的。

某保险公司张经理安排销售业务员张斌去拜访一家大客户，并要求他说："希望你能够将公司新推出的团险卖给这位客户，我之前派去了N位有经验的销售员，却一无所获，今天就看你的了！"

此项任务如此艰巨，张斌始料不及，但他还是勇敢地接受了这次挑战。接下来他仔细研究了这家公司的情况，然后对镜整理好自己的衣衫、头发，微笑着出发了。当他走到这家公司老板的办公室门口时，虽然紧张得手脚都不住地发抖，但他还是鼓足勇气敲响了房门。

在接下来的时间里，张斌虽显得有些紧张，但还是努力结合客户企业员工的实际状况，将团险的好处都告知了客户。经过一个多小时的耐心讲解，客户终于找来公司的人事经理，交代之后，张斌跟着这位经理去签了一份保费几十万元的团体意外险。事后，这位老板对张斌说："小伙子，我是被你的朴实、认真、真诚打动了，与你合作我放心！"

此案例中老板的话道出了故事主人公成功的关键——给客户一个良好的第一印象。故事中的张斌能做到，相信每一位销售员都能做到。其实做业务就是做人，首先你要想办法把自己推销给客户，才能让客户爱屋及乌，接受自己的产品。

所以说在销售过程中，销售人员一定要争取给客户留下好的第一印象，博得客户的好感和喜爱。心理学家认为：第一印象不仅包括相貌、服装等一些外在的个人印象，还有可能是销售人员给客户提供的资料，也可能是电话中销售人员的声音和语气。因此，无论以哪种形式与客户接触，销售人员都要打起百分之百的精神，努力做到让客户认可你。

★ 营销心理策略

在销售过程中，第一印象在很大程度上影响着客户今后对你的看法及感情，也决定着将来能否迅速成交。因此，销售人员必须懂得以下销售策略：

1.适度的微笑——在第一次与客户面谈时，如果销售人员表现得过于客套，反而会造成彼此间的紧张气氛，而这种紧张的气氛往往无助于目标的达成，所以，适度的微笑在很大程度上可以有效地缓解气氛。微笑时应表现得大方得体，不做作，千万不可用手捂嘴大笑。

2.得体的打扮——一定要保持服饰整洁得体，穿着要与自己的身份、所要销售的产品和公司的形象相符。一般来说，在与客户面谈时，男士一般选择深色的正装就比较合适，而女士着职业套装是恰当的。

3.礼貌的举止——注意自身的仪态礼节，如站姿、坐姿、握手、眼神、敲门、交换名片等。比如，合适的握手姿势应是伸出一只手掌，力度要适中；在与客户进行面谈时，目光不要到处游离，飘忽不定。另外，态度上要表现出真诚、谦虚、自信、热情等。

沉锚效应：让客户在你的设定中选择

※ 心理学故事

在街道的两旁有两家经营煎饼的店铺。街道左边是老王家的煎饼店，街道右边是老徐家的煎饼店。这两家煎饼店每天都是顾客盈门，看上去相差无几，整天人进人出的。然而，每天晚上结算的时候，老王家的店总是比老徐家的店多出一二百元。天天如此，让人很是纳闷。每当顾客走进老徐家的店时，老板娘总是微笑着迎上去，问道："煎饼加鸡蛋吗？"客人说加，老板娘就给客人加了一个鸡蛋；客人如果说不加，老板娘也就不再多问。结果是顾客里面有说加的，也有说不加的，大概各占一半。

再看，当顾客走进老王家的煎饼店时，情况就稍有不同了。老板娘也是微笑着迎上前，问道："加一个鸡蛋还是加两个鸡蛋？"客人笑着说："加一个。"再进来一个顾客，老板娘又问一句："加一个鸡蛋还是加两个鸡蛋？"遇到爱吃鸡蛋的顾客就说加两个，不爱吃鸡蛋的顾客就说加一个，很少有顾客说不加鸡蛋的。

正因为这不起眼的问法，一天下来，老王家的煎饼店就要比老徐家的煎饼店多卖出很多个鸡蛋，这就是老王家的收入总会比老徐家多的缘故。

这个销售小故事大家看起来并不陌生，故事所要表达的寓意很容易理解，也许会有一些人信誓旦旦地宣称，如果是自己遇到类似情况，无论如何都会聪明到不让故事中的老板娘的问题牵着鼻子走的程度。当然，这也是有可能的。在这里，我们的重点并不是想去讨论这种概率的大小或者某个人的聪明程度，我们只想要借用这则小故事引出一个心理学上的名词——沉锚效应。

大多数情况下，人们的决策判断会受到第一信息的影响，所谓的第一信息就是留在人们头脑中的锚定。沉锚效应的影响体现在生活中的方方面面，销售活动也不例外。我们在进行销售活动或与他人进行商业谈判的时候，应该利用这种"沉锚"效应，它不仅能给对方留有选择的余地，还能够为自己争取到更多的主动性。

在销售过程中，客户往往不会轻易接受得到的第一个价格，因为当第一眼看到某个商品的价格时，人们对这个商品还无法确定其合理性。但这个价格将会给消费者留下深刻的印象，并且这个价格会成为今后对比同类产品与服务的"沉锚"。当人们再次遇到类似产品与服务时，会将第一次获取的价格作为衡量的标杆，并且据以判断后续所接收到的价格是否能够被接受。

现实销售中会存在一个有趣的现象，某个商品的价格如果直接以一口价的形式提出，可能绝大多数人将无法当即接受，可是如果当你先报一个较高的价格，然后再提出原本打算成交的价格，效果就会变得大不一样。

袁远是某公司的项目经理，最近他和他的团队正在为一家商业客户做一份行业软件的项目方案，所涉及的项目是一个企业销售管理系统。对于这种基于数据库的中小型企业销售管理软件项目，他所在的公司拥有非常成熟的程序内核，只需要根据不同用户的功能需求对程序代码稍作调整，并交设计部重新制作一份 UI 界面即可完成。而且更为重要的是，袁远在这类项目的报价谈判技巧上，已经驾轻就熟了。

在第一次该项目碰面会上，袁远带着制作非常精美的项目策划书和 PPT 向该客户进行了完整的项目路演，并在客户提出的需求的基础上加入了更为全面和复杂的功能，虽然他所列举的某些功能对于客户来讲也许根本就用不上。

但是，往往看起来美好的事物总是需要拥有者付出代价，这套企业销售系统软件，他向客户报出了 21 万元的开发费用，而且次年起每年要另支付 6000 元的软件维护费。

当时客户虽然对软件的功能表示满意，但总觉得报价过高，无法接受。对于客户的这种反应，袁远并不意外，因为每到这个时候，客户都会提出同样的问题。他立刻像以往一样，不仅没有表现出不满，反而表现出处处为客户着想，表示自己会回公司与其他部门商讨，尽自己所能重新调整功能和报价。

第二次碰面时，袁远带给客户一份经过调整过的软件方案，在削减了两个根本无用的功能后，他爽快地将价格报为 13.6 万元，维护费也从每年的6000元降为4000元。结果这一次，客户很痛快地通过了他的方案，并且还主动提出要请他一起吃饭。

席间，每个人都露出了开心的笑容。袁远笑得最灿烂，因为他心里明白，这套方案他本来的心理价位就是13万，那6000元的零头都是为了作为公关招待费而报的，没想到这笔生意连饭钱都省了。

某种商品或者服务的价格信息一旦在人们的头脑中确立，那么在下一次面对同类商品或者服务时，第一次在头脑中留下的信息就会自然而然地成为人们在心中作为价位比较的测量标杆。

正是由于以上原因，绝大多数生产商喜欢为自己的商品提供建议零售价，生活中最常见的例子莫过于汽车销售。市场上的每一款汽车都会有一个厂家指导价格，但几乎没有任何一辆汽车在现实销售中是真的按照厂家的建议零售价来成交的，提供厂家指导价格的意义更多的就是希望在消费者的头脑中提供一个价格的锚定，以利于经销过程中的实际操作。

★ 营销心理策略

假如你是某品牌服装的销售员，顾客试穿了两件衣服后，你该如何提问？

1. 这两件衣服喜欢吗？

2. 请问您选择哪一件？

3. 两件您穿起来都挺好看的，一起拿着吧？

分析：第一种问法是最不可取的，假如顾客回答不喜欢，这两件衣服基本就没有成交的可能性了；第二种问法提前给客户圈定了必须选择一件，无论怎么回答至少有购买一件的可能；第三种问法更进一步，在锚定了购买数量的基础上，加入了赞美的言辞，让顾客更容易接受你的建议，在这种情况下，即使不能全部成交，至少购买一件的可能性也会很高。

晕轮效应：客户有爱屋及乌的情感

※ 心理学故事

　　王小姐要购买一台家用空调，于是打电话向自己最信任的，也是最崇拜的大学教授姑姑询问。姑姑说自己家用的是格力空调，并对格力空调的功能和售后服务大加赞扬，建议自己的侄女也购买一台该品牌的空调。

　　王小姐到了电器商城后，直奔空调专卖区，从海尔空调到 LG 空调，再到美的空调……看了很多品牌的空调，也看了很多自己喜欢的样式，销售人员给她讲解了很多优点，但她最后还是决定，到商场外面的一家格力专卖店选择了一款变频式空调。

　　王小姐之所以选定格力空调，其实是受到她姑姑的影响。在王小姐的心里，姑姑不仅仅是个优秀的大学教授，更是个生活中的专家，所以姑姑说的都是最好的，姑姑的正确选择是不会错的。因此，别的空调在她心里只是一种参考而已。

　　所谓的晕轮效应也称为光环效应，它是一种能够影响人际知觉的因素。如若一个人被人们认为是好的，此人就会被一种积极肯定的光环所笼罩，并被赋予一切优秀的品质；与此相反，如果一个人被人们认为是坏的，此人就会被一种消极否定的光环所笼罩，并被认为具有各种劣习。这就好比刮风天气前夜月亮周围会出现圆环（月晕），殊不知，这种圆环不过是月亮光的扩大化而已。王小姐之所以那么相信姑姑的推荐，其实也是一种晕轮效应的结果。

就"晕轮效应"，美国心理学家凯利对麻省理工学院的两个班级的学生分别做了一项实验。首先，上课之前实验者向学生们宣布，临时为他们请一位代课老师。在介绍这位代课老师的情况时，实验者向一个班的学生介绍的是"此代课老师具有热情、勤奋、务实、果断等品质"，而向另一个班的学生们介绍时故意将"热情"换成了"冷漠"，而其余各项均相同。这两个班级里的学生并不知道两种介绍间的差别，可结果却是：下课之后，前一个班的学生与这位代课老师一见如故，亲密交谈；另一个班学生的表现则是：对这位代课老师敬而远之，冷淡回避。

仅仅是在介绍中的一词之别，这位代课老师就被罩上了不同色彩的晕轮，进而使学生产生了大相径庭的两种反应。这就是晕轮效应，它最早由美国心理学家爱德华·桑戴克提出。晕轮其实是一种当月亮被光环笼罩时产生的模糊不清的现象。爱德华认为：人们对他人的认知和判断通常会从局部出发，经常会以偏概全。若一个人的某些方面被标明是好的，那么此人的所有方面都会被一种积极肯定的光环笼罩；反之，则某人的所有方面都会被消极否定的光环所笼罩。

在日常生活中，晕轮效应也随处可见，比如请出名的、形象健康的明星做品牌代言，让名人的光环迅速赋予品牌某些特殊的东西，消费者因为喜欢这位明星进而喜欢明星所代言的产品。"情人眼里出西施"也是如此，当我们喜爱上某个人时，那么这个人的缺点也变成了优点；如若讨厌某个人，那么此人的优点几乎会被忽视掉……同样，你若是对某个销售人员有好感，你就会觉得此销售人员很诚实，那么你也会对他所推销的商品感到放心并乐意购买。

由此看来，在商品的营销中，我们一定要善于利用"晕轮效应"去推销自己的产品。晕轮效应一般产生于顾客对某件产品的了解还不够深入，也就是还处于感知觉的阶段，因而容易受感知觉的表面性、局部性和知觉所带来的选择性影响，从而对于某种产品的认知仅仅专注于一些产品外在的特征上。其实，有些产品外部特征跟个性品质之间并无内在联系，可客户却容易把它们联系在一起，认为此产品有这种特征就必有另一特征，从而说服自己的内心去购买产品。

★ 营销心理策略

在销售活动中，销售人员该如何利用晕轮效应让客户喜欢上自己推销的产品呢？

1. 第一时间在客户面前说出你产品的优点和独特之处，使客户在"晕轮效应"中慢慢了解你的产品。

2．把你的产品跟高品位的产品、高大上的服务关联在一起。

3．时尚的店面设计、整齐的商品陈列、优质的服务态度是引发客户晕轮效应的有力武器。

禁果效应：不许吃他偏吃，不卖他他偏要

※ 心理学故事

某商店的橱窗展示台上展示了琳琅满目的商品，商家在醒目的地方挂起了条幅："不许偷看。"结果引起了路人的围观，人们都好奇在这个展示的橱窗中是不是有什么不该看的东西，凡是经过此商店的人都会在这个橱窗前驻足观看。

其实这就是人们的一种好奇心在作祟，这几乎跟性别、种族和年龄没有任何关系。相比之下，年轻人的好奇心可能更重一些。禁果效应与人们的好奇心和逆反心理有关。因为每个人天生都有一种好奇心，这种好奇心会促使人们去探索、发现。如果对某件事情不加以充分说明而是采用简单的禁止，就会使人们的好奇心更强，产生强烈的求知欲望，追根究底去发现事物的真相，从而使人们的心理获得平衡和满足。所以，在销售过程中，我们也要善于运用禁果效应，巧妙地抓住客户的逆反心理，达成我们心中想要的销售目的。

禁果效应是一种最佳的用户心理引导策略，通常会采用故事的形式来讲述某种商品的个性，从而激起客户对该商品的好胜心和欲望，并赢得客户最终的喜欢和购买。实践证明，禁果效应是一种很好的营销策略。

最近，作为董事长的汪先生一直考虑想换一辆SUV，这一消息被某品牌汽车销售公司得知，于是派出多名销售人员来向他推销自家品牌的SUV。

每位销售人员来见汪先生时，都会详细介绍本公司的SUV性能多么优越，多么舒适，很适合他这样有身份的人士使用，甚至还嘲笑说："你的那台旧车已经不能再使用了，否则有失你的身份。"诸如此类的话无疑让汪先生心里感到特别反感和不悦。

在近一个月的时间里，多家品牌的汽车销售人员不断登门，让汪先生感到十分烦躁，同时也增加了对这些销售人员的防御心理，他暗想：哼，这帮人只是为了推销他们的汽车，还说些不堪入耳的话，我就是不买，看他们怎么样！

不久后的某一天，又有一名汽车销售人员登门造访。汪先生坐在那里，一言不发。只见这位销售人员不慌不忙对他说："我看您之前开的那部车车况还不错，起码还能再用上一年半载的，现在就换未免有些可惜，我看还能再开一阵子呢！"说完起身，双手递给汪先生一张名片就主动离开了。

由于这名销售人员的言行和汪先生之前所想象的完全不同，而自己之前的心理防御也一下子失去了意义，因此自身的那种逆反心理也渐渐地消失了。在经过一周的考虑以后，他不假思索地拨通了那位销售人员的电话，订购了一辆该品牌的 SUV。

故事中的那位销售人员正是巧妙地利用了禁果效应中的逆反心理，让故事中的主人公主动购买了他推销的汽车。禁果效应其实是一种非常奇怪的心理：越是得不到的东西，就越想得到；越是不让知道的东西，就越想知道。在心理学中，越希望掩盖某个信息不让别人知道，就越会勾起别人的好奇心和探求欲。由此看来，在营销中更好地掌握客户的这种逆反心理，就更容易达成交易，达到销售的目的。

在现实的销售过程中，绝大多数销售人员往往为了尽快签单，就一味采取穷追猛打，认为只要通过这些密集轰炸就可以把客户搞定，殊不知这样很有可能会适得其反，极有可能令客户产生厌恶的逆反心理。因为在你与客户的初期接触时，客户本能地就会产生戒备之心，假若此时，销售人员只是一味地强调自己的产品如何如何好，功能如何如何强，很容易使客户认为你就是一个纯粹的产品推销员，从而对你的信任度就会大打折扣。因此，在同客户的接洽中，不要太急于求成，尽量将客户的注意力转移到他所感兴趣的地方，使客户逐渐对你产生信任感，从而建立起良好的关系，只要客户的心理防线逐渐放松，你的交易成功率就会更大。

★ 营销心理策略

1.营销不要穷追猛打，以为通过密集轰炸就可以把客户搞定，殊不知这样很有可能会适得其反，令客户产生厌恶的逆反心理。

2. 设定"非卖品"。比如，某一类商品，在货架上制造一种效应，这件产品已经获得顾客的预定，属于非卖品，由于这件商品是如此之好，供应量也比较少，这样的销售场景，马上就能够激起客户的兴趣。

3. 在谈论商品的过程中，销售人员可以表现出"不情愿"卖出，让客户觉得占了便宜，这样客户的满足感和好胜心会得到一种满足。本来得不到的东西经过努力得到了，客户心里会有一种深度的满足感。

钓鱼效应：引发好奇刺激客户主动"上钩"

※ 心理学故事

著名工程师莱菲惠尔试图换一个新式的指数表，但他考虑到这项支出势必会遭到工头的反对。莱菲惠尔思考片刻，便起身去找工头。与此同时，他腋下还夹着一款新式的指数表，手里拿着一些需要处理的文件。当他们在讨论有关文件的问题时，莱菲惠尔便有意把那款指数表从左腋夹到右腋，又从右腋夹到左腋，就这样简单的几次交换，工头终于开口问道："你腋下夹的是什么？"莱菲惠尔漫不经心地答道："哦，这只不过是一块指数表。"

"能拿给我看看吗？"工头好奇地问。"哦，这个东西咱们部门用不着。"莱菲惠尔收好文件就假装要走的样子，并说，"这是××部门要用的。"工头接着说道："但是我很想看一看。"

这时的莱菲惠尔故意装着一副勉强的样子，将那块指数表递给工头，当工头仔细看的时候，莱菲惠尔就在旁边很随意地把这款指数表的效用讲给他听。当工头听完讲解后，忽然高兴地说道："哎呀！这正是我早就想要的东西！"最终，工程师莱菲惠尔巧妙地用钓鱼效应术，使这位工头乖乖地用上了新式指数表。

在行为心理学中，人们把一个人特定的内心强烈需求而产生的相应行为现象。称为"钓鱼效应"。这是因为在钓鱼过程中，人们往往会把鱼饵放到鱼的面前，让鱼产生一种特定的内心强烈需求，从而产生去吃鱼饵的行为，结果可想而知，对于鱼来说这必是一条死亡之路，因此，人们形象化地把它称为"钓鱼效应"。

当然，要想钓到鱼，首先就要把鱼饵布置在鱼儿的周围，当鱼儿产生强烈的"吃鱼饵"的需求时，它就会迅速采取行动——吃鱼饵。在营销过程中，我们应该很好地运用这种钓鱼效应，首先就是要让顾客在内心产生对这种产品强烈的购买需求和欲望，从而发生购买的行为，达到最终的销售目的。

××房地产经纪人陈旭的手里有 A，B 两套房源，A 房的业主由于出国在即，急于售房，所以陈旭的任务就是尽快将 A 房卖出去。

一天，有位张先生来店里咨询，他俩在店里谈了会儿，张先生就提出想看看房。陈旭在带张先生去看房的途中对他说："这两套房子的户型都不错，您可以先看看房，不过，A 房在前两天已经被王先生预订了，如果您要选择的话，只能是 B 房源了！"

"相比之下，肯定是 A 房源的户型更好些吧？"张先生心中这样想，就问了出来。

"为了有所比较，您也可以看看 A 房，说不定您更喜欢 B 房，每个人的喜好都不一样。"陈旭应道。

因为有先前的心理，张先生看完两套房源后，还是对 A 房情有独钟，无奈别人预订在先，张先生只好遗憾地离开了。

又过了两天，陈旭主动拨通了张先生的电话，"您好，张先生，告诉您个好消息，先前的那位客户因为资金问题，今早取消了预订，那天我看您非常喜欢 A 房，特意先给您留了下来，您看您还有意购买这套房子吗？"

"哦，那太好了，我现在就去你们店里。您再帮我跟房主争取一下，看还能不能再优惠一些？""咱们一会儿见面再聊！"

A 房源"失而复得"，这位张先生非常高兴，当天就与陈旭签了单。

案例中的陈旭为客户张先生虚拟了一个竞争对手，将张先生的兴趣巧妙地转移到自己要销售的房源上来，让他"主动"喜欢上了 A 房并产生了强烈的购买欲望，最终张先生迅速而又满心欢喜地签下单也是在情理之中。这个案例巧妙地运用了"钓鱼效应"，最终推销成功。

★　营销心理策略

是什么原因使钓鱼效应发生的呢？销售人员要掌握下面产生钓鱼效应的心理策略：

1. 引起人们的好奇心。有了好奇心人们便会把注意力集中于此，这一产品便会得到充分的展示和反映。而要引起人们对产品的好奇心，往往就要指出自己产品与众不同的那些新颖的、奇趣的、异样的地方。

2. 激发人们内心的强烈需要。人们的行为产生与内心需要密切相关，美国的心理学家欧佛斯特教授曾在他著的《人类行为论》中指出："人类的行动产生于内心的需求。"因此，打动人最好的方法，首先是引起对方内心的强烈需求。在营销中，能否激发人们内心强烈需要与能否产生钓鱼效应有直接的必然关系。

3. 选择合适的"诱饵"。强烈内心需要的产生与诱饵有关。如果没有诱饵，也就不可能产生需求；如果鱼饵不诱惑，那也不可能有强烈的内心需要。因此，一定要精心选择能诱发人们需要的那些鱼饵，否则钓鱼效应就不可能产生。

互惠效应：投我以木桃，报之以琼瑶

※ 心理学故事

一天，胡先生接到了一个电话，对方自称是居民防火安全协会的工作人员，询问胡先生是否愿意了解一些关于家庭防火安全方面的小常识，是否愿意让工作人员上门去检查一下家中有没有什么安全隐患。并且每个参与此次便民活动的家庭，均可以免费得到一个家用灭火器，并声称这一切服务都是不收取任何费用的。

胡先生对这次便民活动很感兴趣，于是欣然同意并且约好了上门服务的时间。

到了约好的那一天，工作人员果然来了，他首先对胡先生家中可能引起火灾的地方做了仔细的检查，并且免费送了胡先生一个手持式便捷家用灭火器。检查完毕之后，他还为胡先生的全家讲了一些关于火灾的常规知识，并对胡先生家里发生火灾的可能性做了一个有效的评估。这位服务人员所做的一切让胡先生全家都感到十分满意和感激，觉得自己确实从中获益不少。

随后，那位服务人员根据胡先生家发生火灾的可能性，建议他购买一套家庭火灾报警系统。胡先生全家人对此很是重视，于是就询问从哪里可以买到。这时服务人员便说如果真的需要，自己可以帮忙与公司联系。最后胡先生当然是购买了一套家庭火灾报警系统，并且自始至终都觉得那位服务人员给了自己家莫大的帮助。

此案例就是典型的互惠心理在起作用。俗话说得好，"来而不往非礼也"，朋友这次请你吃了饭，你一定会找机会再回请朋友一次，否则心里总会觉得不安。当别人给了我们某些好处时，我们就会本能地想到以另一种方式来回报别人，这就是我们常说的"互惠效应"。

给予就会被给予，剥夺就会被剥夺，信任就会被信任，怀疑就会被怀疑。这就是心理学上讲的"互惠原则"，即某个人如果从另一个人那里得到了某种实惠，他也会愿意为对方提供实惠。而在销售过程中，销售人员同样也可以运用这种互惠原则，通过让客户在某方面得到好处，以此消除双方情感对立的一面，从而减少自己被拒绝的概率。

中国有句俗话："吃人家的嘴短，拿人家的手短。"当别人给予我们某些好处后，我们心里就会感觉不踏实，内心就会感觉不安，这就是互惠的心理在"作祟"。

春节将至，何先生打算自驾回老家看望父母。临走之前，他打算为自己的爱车进行一下养护，于是，他驱车去了当初购车的那家 4S 店。

"何先生，您来了，好久不见，最近还好吧？这车开着还行吗？"

销售员李显然微笑着迎上前去。何先生笑着说道："你好，小李，我这次过来是想给车辆做个养护，过几天想要开车回趟老家。"李显然热情招呼道："好，何哥，您坐这儿稍等，我这就帮您安排。"

片刻工夫，李显然就引导何先生驱车进入维修处。工作人员马上忙活起来，这时的李显然也没闲着，仔细地帮着把车内擦拭了一遍，还把里面的东西整理得妥妥当当。这让站在外面等候的何先生非常感动，何先生心里暗想，这个小伙子真是不错。

保养完毕临走之时，更令何先生没有想到的是，李显然快速从办公室中拿出两本挂历和一盒精美的小点心，一并放进何先生的车中，并说："何先生，您来得突然，我也没准备，一点小意思，给孩子带着路上吃吧！"推托不过，何先生只好收下了李显然的心意，这让何先生心中非常过意不去。

后来，只要听说哪位朋友要买车，何先生就极力推荐到李显然那里，让李显然收获了不少新客户，李显然的业绩那也是没说的。

案例中的李显然小小的举动，换来的却是丰厚的业绩、众多的新客户，这就是"互惠效应"的魅力所在：给予就会被给予，信任就会被信任，付出爱就会被人爱。现实生活中，当我们获得别人的帮助后很难做到置之不理，总会想找机会偿还，这就是互惠心理的作用。

因此，在互惠互利原则的影响下，从别人那里得到好处的人，就肩负起了偿还对方恩惠的责任。不偿还，就会产生负债感，这使其不得不被一种力量所左右。互惠是一种普遍的心理影响力，善于运用这样的心理效应，就会给我们销售人员在建立客户关系时带来很大的帮助。

★ 营销心理策略

这种互惠心理应用于销售中，销售人员应该有怎样的心理策略呢？

1．以诚待人：要让你的客户在与你交往的过程中看到你的真心实意，你爱客户，客户也会以百倍的爱回报你。

2．热情帮助客户：要主动去为客户着想，不吝啬你的付出和努力，客户终会被你的行为感动，心生愧疚，总有一天他会购买你的产品、支持你的工作的。

3．以"礼"相待：逢年过节，送上应景的礼物给客户；了解客户喜欢或需要的东西，正好你有或者你能帮着买到，那就赶紧行动，这样就会让客户老记得你，有需要时自然也就首先想到你。

从众效应：客户喜欢"随大溜"

※ 心理学故事

当有个人走到一个地方时，突然抬头望着天空并坚持了一段时间后，路人们也纷纷抬起头望向天空，效仿他的这种行为，渐渐地，越来越多的人加入到这种"望天"的群体中，但所有人都不知道最初的这个人到底在望什么……十分钟过去了，当他低头发现很多人都围在他的周围并仰望天空时，他轻轻地说了一句："对不起，我刚才流鼻血了。"这时所有当初仰脸的人才悻悻离去。

当然，这只是一则笑话，但这种场景和现象在现实生活中是存在的，它所反映的是人们的这种普遍的"从众"社会心理现象。生活中，绝大多数的人总是喜欢跟着"大家"走，甘愿随大溜，甚至做一个盲目的追随者。从众心理的存在，就有了"从众效应"，它是指在群体的引导或压力之下，个体的想法和行为与多数人趋于一致的现象。

每个人都有从众心理，只是强度不同而已。如果销售人员能够懂得合理地利用人们的这一心理，通过与客户间相互的影响力，给客户施加无形的群体压力，进而就可以制造出更多的成交机会。从众心理在消费过程中是十分普遍的，因为大多数人都是喜欢凑热闹的，当看到别人成群结队、争先恐后地抢购某种商品的时候，也会毫不犹豫地加入到抢购大军当中。

日本著名企业家多川博，他的公司主营婴儿专用尿布。起初，公司不仅采用新科技、新材料，制造出质量上乘的产品，而且还花费大量的精力去宣传该产品，但是在试卖的时候，基本上无人问津，销售十分冷清，整个公司几乎到了无法继续经营的地步。这让多川博先生万分焦急，经过几天的冥思苦想和市场调查，他终于找到了打破这种僵局的好办法。首先他让自己的员工假扮成客户，在店门前排起长队，假装来购买自己的尿布。一时间，公司店铺前门庭若市，几投诉长长的队伍引起了过往行人的好奇："这是在卖什么商品这么畅销，吸引这么多人？"如此一来，也就营造了一种尿布旺销的热闹氛围，于是吸引了很多"从众型"的买主。随着产品不断销售，人们逐步也就认可了这种尿布品牌，买尿布的人也随之增多。没过多久，多川博公司生产的尿布还出口到其他国家，随之在世界各地都畅销开来。多川博也获得了世界"尿布大王"的称号。

此案例中尿布的畅销其实就是抓住了人们的从众心理，但前提是尿布的质量好，在被客户使用后得到了认可。因此，销售最终还是要以质量赢得客户的，而利用其心理效应只是一个吸引客户的手段。

销售过程中的这种从众式的购买动机，会使人们产生"随大溜"的心理，销售人员可以利用人们的这一从众心理，引导客户随大溜，或者效仿同一群体中的某个人、某个企业等，从而制造更多的成交机会。比如在销售中可向客户说："现在像您这样的白领阶层，不都是人手一机嘛，要的就是这时尚范儿！""您的老对手某某公司也在用我们的软件系统，反馈效果非常好……"

要知道，群体的力量是无穷的，销售人员要善于利用客户间的相互影响力，促使客户产生随波逐流的从众心理，从而促进销售目的的达成。但在实施过程中，销售人员要做到判断准确，因人施计才能达到理想的效果。因为不同类型的人，其从众心理强度是不同，比如女性大于男性、性格内向的大于性格外向的、年龄较小的大于年龄较大的、文化程度低的大于文化程度高的。因此，要将"从众"说服方法用在谁身上，还要因人而异。

★ 营销心理策略

作为营销人员该如何利用客户的从众心理呢？可以使用下面的心理策略：

1.让客户感到自己不能"落伍"。人们总想跟着潮流走，体现在购买行为上，往往是为了赶上、超过他人而购买某一流行产品，借以求得心理上的满足。因此，销售人员可以跟客户说"您这么时尚的人应该拥有这款产品"等赞美的话。

2. 以有影响力的大客户做引导。比如，华为公司都是我们的 VIP 客户，去年我们帮他们做了两次内训，效果非常好，今年初，他们就将全年的员工培训都交给我们了。

3. 用销售记录引导客户从众。比如，阿姨，我给您的已经是最低价了，不信您看看我的"销售记录"，成交的都比这个价高，因为只剩下这几件了，所以才按这个价卖的。

焦点效应：要把聚光灯照到客户身上

※ 心理学故事

著名的心理学家吉洛维奇曾经做了这样一个实验，他让某大学的学生穿上一件新买的名牌 T 恤，然后走进教室。穿名牌 T 恤的学生事先估计班上会有大约 50% 的同学注意到他的这件新 T 恤，但是，最后的结果却出乎意料，实际班上只有 23% 的人注意到了他的变化。

吉洛维奇通过实验得出结论：我们总认为别人会对自己倍加注意，但实际上并非如此。由此看来，我们对自我的感觉的确占据了我们世界的重要位置，我们往往会不自觉地放大别人对自己的关注程度，而且通过自我的专注，我们会高估自己的突出程度。

这就是心理学中所讲的焦点效应。这也是人们的一种普遍心理，即把自己当作一切的中心，从而高估了外界对自己的关注度，这是心理学中所公认的一个事实——人都是以自我为中心的。"焦点效应"其实是每个人都会有的体验，这种心理状态会驱使我们过度关注自我，过分在意周围的人对自己的关注程度。正是因为人们的这种焦点效应心理，在销售上也就会成为销售人员的公关手段。

销售过程中，如何更好地利用焦点效应，对每一位从事销售工作的人来说都是具有挑战意义的。现实当中，绝大多数的推销员都会对客户说"我们的产品怎么怎么样""我们的产品有什么优点"等。其实，对于客户本身来讲，他一定不愿意浪费自己的时间去听别人的事，因为谁也不喜欢听关于别人的事，尤其是陌生人。但是，恰恰相反，关于自己的事客户反而更愿意去听。

有一次，黄帅在与一个客户交谈时，谈论的话题陷入了僵局，正在无计可施的时候，黄帅突然想起老师在培训课上讲的焦点效应，于是他很快地环顾了一下四周。他惊喜地发现客户的桌子上摆着一张他与一个著名的外国友人合影的照片，照片一侧竖写着四个大字"大展宏图"，照片被裱得很精致，看起来客户很珍惜这张照片。

黄帅知道，在美国，经常会举办慈善晚宴，美国的政界要人会邀请当地的一些企业家参加。在宴会上，如果捐助一定的资金，就有机会与他们这些政界上的精英合影，看来这位客户就是其中之一。

机灵的黄帅马上把话题引开，说道："任总，看来您在美国也是一个很了不起的大人物，有机会能和美国这么知名的人合影，这可是国内很多企业家梦寐以求的事情。在国内像您这样有才干的董事长可不多见啊！"

僵局一下就打破了，只见任总立刻哈哈大笑："哪里，哪里，过奖了，这是我以前在美国留学的时候……"对方非常自豪地讲起了自己在美国的那段往事。最终，双方在很和谐的氛围中谈成了这笔生意。

案例中的黄帅之所以达到了预期的销售目的，就是他因为聪明地把握了客户的焦点心理。如同我们在看一张照片时，如果照片中有我们自己时，我们就会非常快地留意到，并非常关注自己在照片里的形象。如果这时在跟朋友聊天，就会很自然地把话题引导到关于自己的事上来，即使相隔了很久，都能清晰记得有关自己的内容。我们跟客户接触也是如此。

所以，我们在与客户初次接触的时候，切记一定要把谈论的话题引到有关客户的事上，当你踏进客户门的那一刻起，你就要善于观察客户喜欢的书、桌前摆放的饰品、客户的穿着，等等。开始时不要看到什么都要说一遍，这样很容易让客户感觉到你在拍马屁，有企图，让客户立刻就会产生警戒心理，只要抓住一个点即可。接下来的工作就是了解客户的背景问题，但丑媳妇迟早是要见公婆的，迟早是要谈到产品的，还有报价、合同等，如果在谈到自己产品的过程中出现了僵局，就要灵活地引导到有关客户自身的事上来。牢牢抓住客户的"焦点效应"心理，充分给他们当主角的机会，从而赢得他们的好感，最终取得销售的成功。

★ 营销心理策略

作为一名营销人员，要适当地利用焦点效应进行推销，最好掌握下面的营销策略：

1. 与客户交谈时，要尽量谈些客户感兴趣或引以为傲的事情，让客户感觉自己被"聚焦"，这样他们就会高兴地畅所欲言，你就获得了更多的有助于销售的信息。

2. 一对一地服务。在客户来的时候，最好一对一地给客户介绍产品，这样客户就会有种他一个人被重视的感觉。

3. 最好记住客户的姓名、职位、生日等个人信息，关键时刻用上必能拉近你们双方的关系。

4. 关注客户的某些值得称道的优点或特长，并且适当送上赞美之词，必能让客户心花怒放，让其感觉你重视他、尊重他。

折中效应：找准客户的心理平衡点

※ 心理学故事

董君家附近有两家美容院。她想选择一家适合自己的美容院，当她走进第一家美容院的时候，前台满脸堆笑地为她介绍自家的美容项目，很热情地为她推荐了 138 元和 198 元两个价位的美容产品。"这两款产品有什么不同呢？"前台回答道："138 元是普通护理，而 198 元属于高端护理！"尽管前台一直介绍自家店长多么出名，可是董君还是感觉这款 198 元没那个必要，自己又不是整天去见贵宾！

董君紧接着又去了另外一家美容院，这家的前台推荐了四个档次的美容产品，低的还是 138 元，还有 168 元、198 元和 228 元等不同档次！138 元的是普通护理，168 元的是资深护理，198 元的是特殊护理，228 元的是高端护理。在选择的时候，前台一直看着董君，而其他的美容师也都往董君这边瞅着。这次董君却果断地选了 168 元的护理。为什么要选 168 元的呢？主要感觉这个价位适中，不是最高的，也不是最低的，更不会让人感觉太低档，毕竟有几双眼睛盯着自己！自己也获得了心理上的平衡。

其实呢，这就是所谓的折中效应。大多数时候我们买东西都喜欢选取中间的价格，因为太高的，我们自身消费能力有限；太低的吧，又看不上！这就要求销售部门对消费人群的需要把控好，精准地去进行产品定价！

而"折中效应"的精髓所在，就是要将目光放长远，不因蝇头小利而丧失长期大利。在销售过程中，要求我们的销售人员，尤其是销售新人，在与客户谈判中，切记不要为了眼前的一点利益而丢失了将来还可能存在的合作机会。

甲方：咱们双方的谈判已经持续一周的时间了，我们很欣赏你们为了公司利益尽职尽责的精神。虽然目前我们双方之间还有一些小的分歧，但我方希望，咱们之间的诚意能够促成这笔生意尽快达成，我们也非常期待合作成功的那一刻。

乙方：十分感谢贵方在过去谈判期间给予的合作。其实，我方认为咱们双方的分歧已经缩小了不少，比如设备的价格分歧从10%缩小到了现在的3%，设备试验期限的分歧由6个月降到现在的3个月……只要我们双方都有真诚合作的心，相信这次谈判会朝着好的方向发展。况且，贵公司应该知道，我们的二期工程也即将上马，届时必然还要购买设备，贵公司一定会在与我们的长期合作中获得更多的利益。因而我们建议贵方能在价格上再削减2%。

甲方：既然贵方这么有诚意，这样吧，我方在价格方面再做出些让步，也就是再下降 1.5%，这已经是最低价了。

乙方：好的，我方接受了！

在销售过程中，交易双方关注己方的利益是理所当然的，然而太过斤斤计较、为了一点蝇头小利争得你死我活实在没有必要。关键时刻都懂得退让，这样才能够达到"双赢"的目的；同时，也为将来的再次合作奠定基础，而这些才是真正的大利益。就像案例中所表现的，虽然谈判双方都会坚持维护己方的利益，尽量促使对方做出更大让步，但在最后磋商中，双方都选择了折中，取得了合作的成功。

由此看来，在实际的产品营销过程中，销售人员也要学会把握客户的折中心理。产品营销要做的不仅仅是把不同种类和特征的产品一一陈列在客户面前，同时还要根据自己的观察和分析，针对不同的客户需求向客户提出合理建议。比如，当客户在面对诸多选择犹豫不决时，销售人员如果发现客户更注重产品的质量和价格，那销售人员就可以向客户着重推荐简单实用的产品；如果客户更注重产品的外观，那销售人员就可以向客户着重推荐造型别致的产品。一般来讲，客户在经过自己的一番权衡和销售人员的合理建议之后，会结合自己的衡量及销售人员的建议做出折中的选择，从而完成交易。

一名优秀的销售人员，除了要具备娴熟的议价技巧，还要有纵观全局、不计一城一池得失的长远眼光，能够做到适可而止，拒绝贪婪，巧妙合理地利用折中效应。只有这样，你的销售之路才会越走越宽。

★ 营销心理策略

在销售过程中，客户最关注的就是产品的价格和质量因素，如何让客户买到满意的、适合自己的产品，销售人员一定要懂得折中的心理策略：

1. 不同的产品或服务设定高低不同的价格阶梯，让客户有根据自己经济能力选择的自由。这样不仅可以让客户有更多灵活的选择余地，有时还能够保全客户的面子，从而满足客户的折中心理需求，更大可能跟客户达成交易。

2. 销售人员在向客户推销产品时，不妨给他们留下选择的余地，让他们能够在更大的空间内进行选择。比如多准备几种不同型号、不同工艺、不同质量的产品，这样一来，既可以满足不同客户的不同需求，又可以让每位客户都能在一定范围之内进行充分选择，从而满足客户的折中心理。

刺猬定律：与客户保持适当的距离

※ 心理学故事

生物学家们为了研究刺猬在寒冷的冬季是怎样过冬的，他们做了一个实验：先是把十几只刺猬放到户外的空地上。这些刺猬就被冻得浑身发抖，为了取暖，它们只好紧紧地靠在一起，而相互靠拢后，又因为忍受不了彼此身上的长刺，很快就又各自分开了。由于气温不断地下降，它们又聚拢在一起取暖。然而，靠在一起时的刺痛又再一次使它们不得不再度分开。挨得太近，身上会被刺痛；离得太远，又冻得难受。就这样反反复复地分了又聚，聚了又分，刺猬们不断地在受冻与受刺之间挣扎。最后，这十几只刺猬终于找到了一个适合它们的距离，既可以相互取暖，又不至于被彼此刺伤。

以上案例中所表现出的"刺猬法则"就是人际交往中的"心理距离效应"。人与人之间都应该保持这条底线，过犹不及。把它运用到营销中，就是销售人员如何与客户保持亲密关系，这种"亲密有间"的关系，是一种不远不近恰到好处的合作关系。与客户保持一定的心理距离，从而可以避免客户产生防备和紧张的情绪，可以减少客户对自己的热情、赞扬等行为的防范心理。这样做的好处是既可以获得客户的尊重，又能保证在交易中彼此利益的最大化。作为一名优秀的销售员，要做到与客户"疏者密之，密者疏之"，这才是成功之道。

我们日常生活中经常会遇到这样的情况：你越想接近某人，越是想办法找机会接近，对方越是躲着你；反而你对其若即若离，对方却会主动向你靠近。这就如同我们走进商场时，导购人员越是紧紧跟随、一味推荐他的东西，你越是反感，越想赶快离开一样。

这就是所谓的刺猬定律在起作用。在日常的人际交往当中，每个人都有一个心理距离，关系密切程度不同，心理距离就有所差距。其实这强调的就是人际交往中的"私人空间"。任何一个人，都需要在自己的周围有一个能自己掌控的自我空间，没有人能容忍他人闯入自己的空间，即使最亲密的恋人之间也是如此。这个空间就像一个充满了气体的球一样，如果两个充满气的气球靠得太近，互相挤压，最后的结果必然是爆炸。

所以说"私人空间"成交法是建立在"刺猬法则"基础之上的，其实质是尊重客户私人空间不可侵犯的普遍心理，随时把握好与客户的距离，给客户创造一种轻松、愉快而又亲切的环境，为下一步的销售工作打好基石。而且，这个私人空间，既包括物理空间也包括心理空间。

不过，对于销售人员来说，如何拿捏好这个尺度是个"精细活"：离客户过近，客户必然会产生压抑的心理；离客户太远，又无法与客户之间有良好的沟通。

首先，从物理空间来说。对于合格的销售人员来讲，无论坐在你对面的客户是同性还是异性，你都需要与他们保持身体上的一段"安全距离"。与不熟悉的客户之间保持一米以上的距离，是比较合适的。

杨经理刚送走某公司的销售员，笑容立刻消失了，转身对总经理摇摇头。

杨经理："这家公司不行，规模一定不大，一看就没有大公司的派头。"

总经理："何以见得？"

杨经理："刚才那名销售员一直把身体贴得很近跟我说话，我都看见他的头皮屑了。张口闭口'咱们咱们'的，还没怎么着就要请我们吃饭，套近乎也不是这么个套法。"

总经理："嗯，有道理。"

透过以上这个案例，不难看出就算你不介意自己的头皮屑被看到，别人还介意你身上的"跳蚤"跳过去呢！所以，销售人员一定要把握好与客户间的距离，要给客户充足的私人空间。

假若是在客户的办公区域内拜访，客户的办公桌范围就是安全距离界限。此时的你切记不可四处张望，不要随意走动，更不要偷窥消费者的电脑屏幕与文件夹，当然，也不要冒失地拿起桌上的任何一个小摆设，这些都是不礼貌的行为。

其次，从心理空间来说。在与客户谈话的过程中，避免谈论关于客户的私密问题，也属于私人空间成交法中不可缺少的一部分。即便有时候，有些话题是客户首先发起的，你同样也要注意不能随意议论他人的"软肋"，因为你们毕竟不是发小知己，只是工作关系，况且这里面还涉及很多利益问题，靠得太近，只会激起对方的防范心理。

销售员小徐特别擅长与客户打交道，同时也很注意分寸，许多客户都很喜欢她。

客户："最近心情很糟糕。"

小徐："×总，怎么了？能让我帮您分担一下吗？"

客户："我老婆最近太不像话了，总是有事没事的跟我吵架。我整天在外奔波，不都是为了这个家吗？你给我评评理。"

小徐笑了笑，没有说话。客户看着小徐的反应，也感觉说多了。

小徐："×总，消消气，喝口茶吧。"

客户："好，喝茶。"两个人一边喝茶一边又聊起别的话题。

客户们都喜欢小徐的原因，可能就在于她明白什么话题自己可以发言，什么话题自己要回避，坚决不介入客户的私人空间。这也是作为销售的小徐最聪明的做法。

其实，跟客户聊私事也可以作为辅助手段，与他们聊些相对来说比较轻松的话题，增进一下友谊，也无可厚非。但是，作为一个销售人员，你要切记，聊与工作有关的内容才是你要做的正经事。当客户和你谈到某些私密的事情时，比较明智的做法就是巧妙地转换话题。你知道的事情越多，跟客户的关系就会变得越复杂，日后就越不好处理。

总的来说，"私人空间"成交法，关键在于"度"的把握。而这个度在哪里，有时也会因人而异。善于揣摩客户心理的销售高手，可以轻易地让客户保留适当的私人空间，又会在客户身上开辟出一块大大的工作区域。销售人员只有经过日后的反复练习、思考、总结，才能悟出其中的奥妙，提高今后销售的成交率。

★ 营销心理策略

在销售活动中，销售人员一定要牢记刺猬定律，与客户保持适当的距离。

1．给客户留出充分的空间

与客户接触时，不要距离太近，尤其是商场、店铺中的导购员，切不可紧紧相随，这会给对方以压迫感，容易引起对方的反感。

2．给客户留出充分的时间思考

与客户交流时，谈话内容不要总围绕产品与价格，不要一股脑儿将产品的情况都说出来。和盘托出不仅不利于客户接受信息，更不利于最后成交。要给客户留下一定的考虑空间，逐步引导客户购买。

3．分清友情与商务的界限

我们主张对待客户要像亲人、朋友一样，但这并不代表与客户私人友谊过密。销售人员应该给自己设定一个界限，彼此都保有一点严肃和尊敬，明确双方的角色，才能保持长久的友谊和合作关系。否则，很可能会让商务关系受损、交际成本提高、友谊破裂等。

250 定律：千万不要怠慢任何一个客户

※ 心理学故事

乔·吉拉德是世界上最伟大的销售员，他连续 12 年荣登世界吉尼斯纪录大全世界销售第一的宝座，他所保持的世界汽车销售纪录，至今无人能破，被吉尼斯世界纪录称为"世界上最伟大的推销员"。

乔·吉拉德是怎样做到这一切的呢？虚心学习、努力执着、注重服务与真诚分享是他四个最重要的成功关键。乔·吉拉德曾经说："我相信推销活动真正的开始在成交之后，而不是之前。我在成交之后继续关心顾客，这样我不但赢得了老顾客，而且又能吸引新顾客，使我的客户群越来越多。"乔·吉拉德每月要给他的一万多名顾客寄去一张贺卡。一月份祝贺新年，二月份纪念华盛顿诞辰日，三月份祝贺圣帕特里克节……凡是在乔那里买过汽车的人，都会收到他的贺卡，顾客也就记住了他。正因为乔·吉拉德没有忘记自己的顾客，顾客才不会忘记乔·吉拉德，让他成了汽车销售大王。

250 定律，指的就是每一位顾客身后，大约都有 250 名亲朋好友。如果你赢得了这位顾客的好感，就意味着你赢得了 250 个人的好感；反之，如果你得罪了某位顾客，也就意味着你得罪了 250 名顾客。这一定律有力地论证了"顾客就是上帝"的真谛。所以在任何情况下，都不要轻易得罪任何一个顾客。250 定律的提出者正是著名的销售大王乔·吉拉德。

在每位顾客的身后，都大概站着 250 个人，当然这是与此顾客关系比较亲近的人，包括：同事、邻居、亲戚、朋友。如果一个推销员在年初的一个星期里见到 50 个人，其中只要有 2 个顾客对这位推销员的态度感到不愉快，那么，由于连锁影响就可能有 500 个人不愿意和这位推销员打交道。因此，作为一名推销员，在任何情况下，都不要得罪任何一个顾客。

在推销的过程中，每一位推销员时时刻刻都要将 250 定律牢记在心，抱着生意至上的态度，时刻把控好自己的情绪，不因某个顾客的刁难，或是不喜欢对方，或是自己心绪不佳等而怠慢顾客。要时刻在心里提示自己：你只要赶走一个顾客，就等于赶走了潜在的 250 个顾客。

生活中我们经常会遇到这样的情景：

"我的内衣都是在 ×× 内衣店买的，这家的内衣质量真的很好，既漂亮又舒适，下次我带你去看看？"

"昨天听我闺密说 ×× 私家菜馆饭菜味道不错，尤其是烤鱼，味道极其正宗，今天我带你也去尝尝吧？"

"你家要重新装修？上次给我家装修的那家公司不错，他们的装修工人干活很认真，老板人也很好，我把他电话给你吧？"

"你说的是 ×× 牌染发产品吧，千万别买，一点儿效果没有，别听他们的广告瞎忽悠！"

"×× 超市的东西太贵了，服务员态度也不好，我是再也不去那儿买东西了，希望你们也都不要去，去了会后悔的！"

的确，生活中我们都有这样的体会：自己在某商场获得了优质服务、使用的某种产品好，就会不自觉地再次光临、多次购买，当然还会介绍给自己的亲朋好友；反之，不光自己不会再光顾，还会将店家、产品等的不良情况向亲朋好友"宣传"。客户也一样，如果他从销售人员这里获得了优质服务，心理得到了满足，他就会把这种满意的情绪传递出去。这就是心理学上讲的"情绪的传递性、认同性"。而 250 定律反映的就是客户的这种心理：一个满意的客户会向 250 个相关的人传递你的正面信息，你会因此获得 250 个潜在客户。

从 1 到 250，这不是简单的数字游戏，而是实实在在地存有的潜在销售机会。尤其是在如今这个自媒体时代，一个微博、一个"朋友圈"就有可能被千百万人看到，影响力是巨大的，你得罪一个客户，就不仅仅是影响 250 个人那么简单了，破坏力可能更大。所以，销售人员要正确理解 250 定律的真正内涵，无论遇到什么情况，不得罪任何一个客户，你将获得更多。

★ 营销心理策略

如何把握好 250 定律，这需要每一位销售人员掌握下面的心理策略：

1. 一定要尊重每一位客户，公平对待每一位客户，力争将他们变为自己的"推荐人"，让顾客帮助你寻找顾客。

2. 对任何客户都必须待之以诚，都要付出自己的真情。在任何情况下，都不要得罪任何一个顾客。

3. 任何情况下都要控制好情绪，不将坏情绪带到工作中，也不受客户坏情绪的影响。好的情绪不仅能让客户乐意与你交谈，从而达成交易，还可能因为你的阳光情绪感染而介绍新的顾客光临。

第2章
博得客户喜欢的心理策略

在销售中，博得客户喜欢是走向成功的前提。作为销售人员，只有让客户先喜欢上了你和你的产品，才可能让客户购买你的服务或产品。要让客户喜欢你，就要想办法亲近客户、打动客户的心、抓住客户的心，这样他们就会"束手就擒"了。

重视心理：客户都想在你面前做"上帝"

※ 心理学故事

有一次，杜冰冰在一家商务会馆消费，临走前，这家商务会馆的经理向杜冰冰推荐了 VIP 会员卡的项目。杜冰冰考虑了一下，觉得比较划算，再加上这家会馆环境也不错，就马上办理了一张会员卡。

杜冰冰有一次请几位重要客户来这家会馆消费，等她去前台结账时，冰冰出示了自己前些天办的会员卡。前台接过来一看，是老板签字的会员卡，立刻满面笑容，不仅酒水按七折算，海鲜也打了八折，这让冰冰省了不少钱，后来经理还亲自送来一盘水果布丁，希望他们下次光临。这让冰冰觉得自己在客户面前很有面子。由于会馆经理的重视，让冰冰有一种做了一次真正"上帝"的感觉，从此以后，但凡公司请重要的客户，她都会来到这家会馆。

每个人都有虚荣心，都希望得到他人的重视和热情对待。谁不想成为"上帝"呢？如今越来越多的商家在为客户办理 VIP 卡，采用优惠活动或优质服务来吸引客户消费。这就是抓住了客户都想要得到重视的心理需求，而这种心理需求恰好给销售人员推销自己的商品带来了一个很好的突破口。

通常情况下，渴望被人重视，这是一种人人都有的普遍心理需求，作为消费者的客户也不例外。渴望获得重视的心理包含两个方面：一方面是希望得到别人的认可和赞美，从而使自己获得优越感；另一方面是不愿意被人轻视，从而使自己显得与众不同，以吸引别人注意。

对于销售人员来讲，客户创造了市场，只有当一个公司的产品和服务迎合了客户的需求，才能符合市场的需求，从这个道理上讲，客户就是你的上帝。因此，销售人员可以利用客户这一心理，巧妙地促使客户购买自己的产品。

小陈是一家办公用品公司的推销员。有一次，他去一家新公司推销办公桌椅。进了经理室，见该公司总经理、后勤主管等领导都在，旁边还有一位正在打扫卫生的老伯。

见面之后，小陈很娴熟地介绍了产品的样式、质量和价格，很快就使老板有了购买意向，并告诉他如果产品情况属实，便可以签订两万元的购货合同。眼看推销成功了，小陈打心眼儿里高兴，他一边答应过两天送货质检，一边忙从口袋里摸出一包香烟，给在场的领导们点上后，说了些客气话，便告辞了。

两天过后，当小陈再来该公司联系送货业务时，后勤主管老马却告诉他，公司不打算采购这批产品了。小陈问是什么原因导致公司改变了主意。对方直截了当地说："老板的岳父嫌你报的价格高，劝老板买别人的。"

"老板的岳父怎么知道我的货价高呢？"

"他岳父就是那个扫地的老伯！你的话他都听着了。"

老马看了一眼还没有明白过来的小陈，说："谁让你小看人，少发一支烟呢？他说你这人眼皮往上挑，不实在……你说为了这点小事，我们老总能得罪老岳父吗？"

从这个案例中，可以看出客户中的每一个人都是"上帝"，客户都希望你能给他们关怀和重视。作为一名销售人员，千万不要只把"上帝"放在嘴边，即使是表面上的功夫，也不要表现得太假，放下自己的架子，真正地去尊重和重视客户中的每一位成员，才能达到预期的销售目的。

每个人都喜欢被尊崇，客户也有这种心理。在营销中，销售人员必须扮演好绿叶的角色，时时处处让客户感受到应有的尊荣，甚至在必要的时候当好"用人"的角色。只要你有这种意识和行动，那么客户就会认为你是值得结交的人，就能够与你达成交易。

★ 营销心理策略

重视客户，首先要维护客户的权威和面子，销售人员应该如何给足客户面子，满足客户被重视的心理呢？

1. 维护好客户的人格形象。人格形象就是人们通过精神和内在性质的修养和陶冶而获得的一种无形人格力量与感召力。人格形象是人的内在精神和特质的展示与感知，没有高尚的人格就不会产生良好的人格形象。具体来说，销售人员要时刻维护客户的脸面，一旦有人为难客户，就要挺身而出，不让客户的人格受损。

2. 要善于称赞客户。在生意场合，销售人员要说客户的好话，称赞客户为人厚道、处事妥当。当客户从第三者嘴里听到你夸奖他，他会十分受用，对你的信任也会倍增。

3. 让客户表现出他的智慧。无论是与客户面对面地沟通，还是在有其他人在场的情况下，在言谈举止中凸显客户的睿智、远见都是必不可少的。比如，对某件事的看法，你要彰显客户的高瞻远瞩。销售人员主动表现出自己"愚"的一面，突出客户"智"的一面，满足客户"超人一等"的心理需求。

稀缺心理：越是稀缺客户越喜欢抢购

※ 心理学故事

从前，有一个姓胡的商人和一个姓张的小贩同时被洪水困在一个野外的山冈上，洪水不知道什么时候才能退去。两天过后，胡商人身上所带的食物都吃光了，他饿得受不了了。而此时张小贩手里还有一大袋子烧饼。

于是，胡商人提出一个建议，要用10块钱买张小贩的一个烧饼。到哪里还能有这么好的事情，张小贩却不同意。他认为发财的机会到了，就提出要买下他所有的烧饼才行。胡商人同意了。

几天过后，洪水还是没有退去的意思。胡商人吃着从张小贩手里买来的烧饼，而此时的张小贩则饿得饥肠辘辘。最后实在忍不住了，希望从胡商人那里买回一点烧饼。胡商人答应了，但是胡商人告诉张小贩得出50块钱才能买到一个，张小贩只好硬着头皮答应了。

就这样，又过了好几天，围困他们的洪水终于退去了，烧饼也都全部吃光了。胡商人不仅从张小贩那里收回了他买烧饼的钱，还挣到了一些钱。

聪明的胡商人不自觉地利用了稀缺效应，不仅保全了自己，也赚到了一些钱财。心理学家认为，稀缺效应是由于人们害怕失去或得不到，会对稀有的东西怀着本能的占有欲。基于对人们这种心理特性的了解，销售中也经常会采用"名额有限""仅此一次""最后机会"之类的方式来吸引客户前来购买和消费。

鲁迅先生曾在《藤野先生》一文中写过这样一段经典的话："大概是物以稀为贵罢。北京的白菜运往浙江，便用红头绳系住菜根，倒挂在水果店头，尊为'胶菜'；福建野生着的芦荟，一到北京就请进温室，且美其名曰'龙舌兰'。"

站在心理学的角度来看，这恰恰反映了人们内心深处的一种心理，即害怕失去或得不到，所以对稀罕物品有着本能的占有欲。反映到消费购物方面，人们对稀有物品的占有欲也表现得很明显：越是稀少的东西，人们越是想得到它。

因此，在营销过程中，销售人员一定要让客户内心认为，这种商品比较畅销，或者比较紧缺，让客户认为现在就是购买的最佳时机。比如，销售员可以这么说：今年下半年市场的货可能会比较紧缺了，因为我们公司现在人手不够，计划减少产品供应量。或者，现在原材料价格都涨了，可能过不了多久，这款商品的价格也会相应提升，建议您及早购买，别错失了良机啊。客户听了这些话，他的"物以稀为贵"和"害怕买不到"

的心理又会被刺激，接下来，客户就会果断购买。小米公司的饥饿营销就是利用了用户的这种稀缺心理才获得成功的。

饥饿营销是小米公司进行销售的成功手段，在小米新品正式发售初期，由于产能问题而曾经出现过供货不足的现象。在那段时间里，人们能买到一部小米手机一度成为"有路子"的象征。在米粉的吐槽下，小米误打误撞做了一个"开放购买"动作，这一举动产生了巨大的稀缺效应，也产生了巨大的市场影响力和传播力。很快，小米公司的这个"开放购买"策略被延续了下来，持续通过限量发售、预约购买、限时抢购等众多方式，营造小米手机"物以稀为贵"的情形。

饥饿营销的一个重要效果是使得一部分消费者无法立刻购买到产品却又得到了产品信息，让消费者产生产品紧缺的心理暗示，他们为了得到"稀缺"的商品宁愿等待。小米公司的饥饿营销策略就在于它引发了消费者对产品虚位的积极稀缺效应。

物以稀为贵，不仅小米公司如此，在房地产市场中更是如此，因为土地资源的不可复制性，在竞争中占据稀缺资源就把握了制胜的密匙。很多从事房产销售的部门在一套房子还没有卖出的情况下，就虚说自己的房子已预订大半，通过人为制造一些短缺，调动人们对房价上涨的预期，从而获取利润。

在奢侈品营销中，每一种商品的数量都是稀少的。品牌方往往会用"限量生产"来造成最大限度的"人无我有"。奢侈品的价格贵是不会受到质疑的，因为每一个手包、每一只手表、每一条裙子，都不是以使用价值来标志的，它是以品牌的地位、全球标准的顶端设计和数量的稀有程度来体现的。

物以稀为贵给人们带来的更多是心理上的满足，"我拥有了它，我就有高品位，我就得到了别人的倾慕"。物以稀为贵，确实是一条亘古不变的商业法则。销售人员要想方设法创立一种价值的稀缺，才能够捕获新时期的客户、获得更多客户的青睐。当销售人员告诉客户某种商品供应比较紧张，不能保证一直有货的时候，就会促使客户及早地采取行动，顺利达成交易。

★　营销心理策略

"物以稀为贵"让人们抢购认为难以得到的东西。销售中若能掌控客户的稀缺心理，商品畅销也就是自然而然的事情了。

1. 限量购买。我们经常在大型卖场中看到这样的促销活动："每人限购一件，售完为止。"看似销售人员自己限制了销量，实则恰恰相反。营销专家指出，这种"限量版"销售方式，吊起了很多顾客的胃口。他们都怕自己买不到而"吃亏"，所以争先恐后地为商家做贡献。你不卖给他，他偏偏要抢着买，这就是人类心理上的共同特点。

2. 限量销售。向客户说明产品数量有限，比如每个号码只此一件、卖得火只剩几件、即将断货不知什么时候上货等，让客户觉得你的产品"有限""奇缺""唯一"等，激发客户的兴趣与购买欲望。

3. 限期销售。限定购买时间，明确告诉客户过了某个时间点就难以买到某产品、某个优惠价位的产品，以此刺激客户尽快做出购买决定。

4. 限人销售。对购买资格进行设限，规定只有符合某种条件的客户才可购买。这不仅能吸引那些"符合条件"的客户踊跃购买，还会刺激那些"不符合条件"的准客户在逆反心理的作用下，增强购买兴趣。

5. 最后一批。销售人员在销售中可以使用"物以稀为贵"这一招数，因为当客户的心理需要得不到满足的时候，反而会更加刺激他强烈的需要。比如说，当客户看好一件产品，本身也很喜欢，可就是迟迟不肯下单。这时销售人员可以利用其"怕买不到"的心理告诉他："由于各种原因，这一产品暂且不会出了，这是最后一批了，特别抢手。"这样的说辞往往能激起客户的购买欲。如果告诉顾客"我们这货太多了，您随便挑"，顾客就会感觉自己选择的余地很大，完全没有必要现在花大价钱买。

占光心理：客户大都喜欢"占便宜"

※ 心理学故事

古时候，有一家专门卖衣服和布匹的店铺，铺里有一件珍贵的貂皮大衣，因为价格太高，一直没有卖出去。后来店里招来了一个叫阿武的新伙计，阿武说自己能够在一天之内把这件貂皮大衣卖出去。掌柜不信。阿武要求掌柜的要配合他的安排，他要求不管谁问这件貂皮大衣卖多少钱的时候，一定要说是五百两银子，而其实它的原价只有三百两银子。

两人私下商量好后，阿武就站在前面打点，掌柜的在后堂算账，一上午很快过去了。下午的时候店里进来一位妇人，在店里转了一圈后，看好了那件卖不出去的貂皮大衣，她问阿武："这大衣多少钱啊？"

阿武假装没有听见，只顾忙自己手中的活，妇人提高嗓门又问了一遍，阿武这才装作反应过来。

他对妇人说："不好意思，我是新来的伙计，耳朵有点背，这件大衣的价钱我也不知道，我先问一下掌柜的。"

说完就冲着后堂大喊："掌柜的，那件貂皮大衣多少钱？"

掌柜的回答说："五百两！"

"多少钱？"伙计又问了一遍。

"五百两！"

声音很大，妇人听得真真切切，心里觉得太贵，就想转身出门。

而这时阿武憨厚地对妇人说："掌柜的说三百两！"

妇人一听顿时欣喜异常，认为肯定是小伙计听错了，自己少花二百两银子就能买到这件衣服，于是心花怒放，又害怕掌柜的出来就不卖给她了，于是付过钱以后匆匆地离开了。

本例中的店伙计阿武就是利用了客户喜欢占便宜的心理，成功地把衣服卖了出去。销售人员在推销自己产品的时候，也可以利用客户受占便宜的这种心理，使用价格的悬殊对比来促进销售。其实在很多世界顶尖的销售人员的成功法则中，利用价格的悬殊对比来俘获客户的心是常用的一种销售方法。

通常情况下，消费者在进行消费的时候，其实是想使自己获得满足感，也就是经济学中所说的"效用"，只有当消费者觉得自己能从消费该商品中获得的价值与商品的实际价值差不多时，才会愿意掏钱购买该商品。也就是说，消费者要的不是便宜，而是要感到占了便宜。贪图便宜是人们常见的一种心理倾向，物美价廉永远是客户追求的目标。大多数客户都不会在产品的真实价格上追根究底，只要让顾客觉得自己占了便宜，他们就会心甘情愿地购买。

　　用尽可能低的价格求得尽可能多的回报，这种占便宜的消费心理支配着绝大多数顾客的购买行为。顾客的这种爱占便宜的心理正是商机所在，也就是说，如果你能让顾客感觉到占了便宜，那么顾客就会相对容易购买你的产品或服务。

　　帅哥小邵独自经营着一家工艺品店。在他的小店里，除了各式各样的摆件外，还陈列着各式各样来自不同国家的许多小工艺品等，物品繁多，这使得他小店的生意比别的都好。

　　有一次，一位顾客到小邵的店里选几个小摆件。双方经过一番讨价还价，顾客显得有些累了，就坐下来歇一会儿。这时，小邵忙给这个顾客端来一杯茶。当这位顾客发现茶的味道非常好时，便忍不住问小邵："这是什么茶叶？这么好喝？"

　　这时，小邵拿出了一包茶叶慷慨地送给了这位顾客。顾客意外得到小邵"买一送一"的馈赠，觉得占了便宜，便十分爽快地交款了。不光如此，如果有些顾客是带着孩子来的，那么小邵就会给前来的小朋友送个小礼物。但是，小邵并不会主动送东西给顾客，而是等着顾客选购到一定价位时，他才会非常"慷慨"地送顾客小礼品。

　　小邵就是利用顾客这种爱占小便宜的心理，故意不说出是赠品，而在客户提出要求后装作是"慷慨"地送给顾客。因为只有这样，顾客才会觉得是自己占到了便宜。小邵的生意越做越红火，当然他也得到了更多的回报。

　　正是因为客户有了这种占光的心理，才给了商家可乘之机。比如某些人在商场购物的时候，常常会采用对方不降价自己就不肯买来"威胁"

商家，逼着商家最终妥协了，告诉顾客"就要下班了，我不赚钱卖你了""今天你是第一单，算是我图个吉利吧""我这是以清仓的价钱给你的，你可不要和朋友说是这个价钱买的"，于是这位顾客自以为独享这种低价的优惠，满意而归。这种情况并不少见，精明的商家总能找出借口卖出东西并让客户觉得占了便宜。由此可以看出，大多数客户不喜欢对产品的真实价钱仔细研究，只是想买些自己认为便宜的物品。

每位客户都有占便宜的心理，但是又不愿意平白无故地占便宜。如果商品价格超出了客户的心理价位，交易很难完成；如果低于客户的心理价位，客户又会对质量产生怀疑，所以把握好客户的心理价位是十分重要的。如果你能在提高客户心理价位的基础上，让对方感觉占到了便宜，那么你的销售就会变得十分顺利。

★ 营销心理策略

销售人员要把消费者的占光心理恰当地利用起来，为自己今后的销售工作服务。那么，销售人员怎么做才能让消费者觉得占了便宜呢？

1. 赠品。每个人都希望花最少的钱买最多的商品，要是能够免费赠送那就更好了，销售人员可以在未做生意或者生意刚刚开始的时候拉拢一下消费者，送消费者一些精致的礼物，以此来提高成交的可能性。

2. 打折。打折也就是价格折扣，是指商家或者销售人员采用直接降价或折扣的方式招揽顾客，我们看到有些商家挂出"大减价""清仓处理"

等标语，就是用来刺激消费者的。这种价格折扣的促销方式有立竿见影的效果，因为这种标语是显而易见的，消费者一看就知道该商场打折了。

3. 送券。赠送代金券这种代金券是指顾客可以凭此券在购买某种商品时免付一定金额的钱。赠代金券这种促销方式可以使消费者节省支出，引起尝试购买的兴趣，增加每次购买商品的数量，还可以起到刺激潜在购买者的作用。

4. 积分。积分优惠种类繁多，通常有两种形式：一种是消费者必须收集积分点券、标签或购物凭证等证明，达到一定数量时，则可兑换赠品；另一种是消费者必须重复多次购买某种商品或光顾某家零售店之后，才能得到赠品。但这种方式的最终目标都是让消费者再次购买某种商品或再度光顾某店。

亲近心理：赞美的话让客户与你一见如故

※　心理学故事

　　有一位自我感觉良好的总裁，此人对自己的个人形象非常看重，总是觉得自己能力很强，也很优秀，于是他便经常摆出一副冷冰冰的面孔，让人感觉很难相处。

　　销售员小陈听说了这位老总的脾气和性格之后，在一次与该总裁合作时，一见面就说："××总，您好，很早就听别的同事夸您，说您不仅人长得帅，而且还是个做事爽快、办事也特别有能力的人，最重要的是您很会关照我们这些在底下办事的销售人员，这次能够与您合作，实在是备感荣幸。"

　　听完小陈的这番话后，那位老总的脸上立刻堆满了笑容，甚至还很愉快地接待了销售员小陈，并且在交谈的过程中一直表现得很友善，很热情地回答小陈的询问。

　　这位销售人员小陈的成功之处就在于他恰到好处地赞美了那位客户，

使得那位客户放松了对他的戒备。试想有哪个人会让夸奖自己的人难堪呢？心理学家认为，每个人都有天生的自卑情绪，这种心理决定了人们或多或少地喜欢别人称赞自己聪明、有才华、有气质、有能力等，只要你说出来，人家都是喜欢听的。因此，作为一名销售人员，一定要学会赞美，并且更重要的是要学会赞美的方法。

每一个人都渴望得到别人的称赞，客户也是如此。适当地赞美客户，不仅能体现出销售人员的人格修养，更能促成业务达成交易。因此，作为一名优秀的销售人员，一定要懂得适时地赞美别人。在销售活动中，如果你能恰如其分地赞美你的客户，那么就会让你的客户产生一种成就感，从而让他在购买你的产品的时候有一种亲近的心理，进而对你本人也会产生好感。

小沈在一款壁纸面前驻留了很久，导购走过来说："您的眼光真不错，这款壁纸是我们公司的主打产品，也是上个月的销售冠军。"

紧接着，小沈问道："多少钱一平方米啊？"导购说："这款壁纸折完后的价格是每平方米80元。""有点贵，还能优惠吗？"显然，小沈不满意产品的价格。于是，导购巧妙地转移话题，询问小沈在哪个小区居住。

得知小沈居住的小区后，导购又展开了心理攻势："您居住的那个小区是市里数一数二的楼盘，小区内的绿化非常漂亮，而且房屋的格局都非常不错，交通也很便利。能买到这么好的房子，我看您的眼光一定差不了。对了，我们公司最近正在你们居住的小区搞促销，这次能给您一个团购价的优惠。"

听到这里，小沈来了精神："那太好了。可是我现在还没拿到钥匙呢，不知道具体需要多少平方米。"导购说："这个不用急，我们按规定达到 10 户以上才能享受优惠，今天加上您这一单才 8 户，还差 2 户。不过，您可以先交定金，我给您标上团购，等您得到确切的面积后，再告诉我也不迟。"

就这样，导购的一番话，让小沈提前交了定金。一周之后，这个订单就轻松成交了。由此不难看出，善于赞美客户，让他一步步接受你的产品和服务，那么交易就很容易大功告成了。

没有哪个人不喜欢听奉承话，即使他们知道这些奉承话是假的，但是仍然百听不厌。赞美是一种艺术，寻找赞美点的过程也是加深对每位客户了解和认识的过程。对顾客的赞美要在适当的时机说出来，这个时候才会显得你的赞美是非常自然的，同时对于顾客的赞美可以适当地加入一些调侃的味道，这样更有利于调节气氛，让顾客在心里感觉到舒服至极。

作为一名销售人员，还要注意赞美的话要讲得适度，过犹不及反而会适得其反，只有恰当地赞美别人，方能取得他人的好感和信任。因此，在赞美他人时也要注意技巧。作为销售人员，你应该观察入微，找到客户值得赞美和欣赏的地方。无论是谁，对待赞美之词都会感到开心。让客户舒服开心，我们就会获得产品的订单和利润，何乐而不为呢？

★ 营销心理策略

赞美也是一门艺术，它的技巧性实际上是很强的。作为销售人员，在赞美别人的时候要做到轻松自如、得心应手，掌握好相关的技巧和策略。

1.诚恳地赞美。当你赞美别人时一定要做到诚恳，只有态度诚恳，客户才会对你的赞美感兴趣，你才能收到理想的效果。如果你的赞美之词毫无诚意，客人会从你的语气态度中听出来，反而会感到虚伪，那么这样的赞美还是不说为妙。

2.赞美也要注意适度原则。你必须要清楚，赞美的目的是要说出你推销的产品，并把它推销给客户，如果一味地恭维，推销也就失去了本来的意义。

3.面对不同类型的客户，赞美的内容也是不同的。对于男客户来讲，他们普遍比较在乎自己的能力以及取得的名利等，因此在赞美男客户时要在这些方面多下功夫；而大多数的女性客户则比较在意自己的容貌、穿着以及身边的伴侣等，因此与女性客户相处时赞美的重点就应该放在这些方面。

馈赠心理：小礼物瞬间瓦解客户的心理防线

※ 心理学故事

"您好，美女，我是 × × 公司的业务代表刘小行，特意前来拜访你们公司的王总！"

"你提前跟王总有电话预约吗？"前台小姐不屑地问。

"有！"……进门后，刘小行打开包，顺手从包里拿出一个公司做的钥匙坠给前台小姐，"给您一个钥匙坠，这是我们公司限量制作的，刚好还有一个！"

前台美女接过来，不停地说谢谢，还不忘记夸一下钥匙坠做得真精美。钥匙坠上还写着"祝您越来越美丽"字样，其实这款小礼物是专门送给女士的。

于是，前台小姐很热情地引着刘小行来到总经理办公室。

上面案例中的小礼物成功地帮助销售员刘小行拉近了与前台小姐的关系，赢得了她的喜爱与帮助，避免了与客户初次见面时的尴尬与隔阂。

一份小礼物凸显了销售人员的真诚、用心与友善，而客户意外收到礼物，心情自然变好，也就乐于与销售人员深入交谈下去，这为最终达成销售目的打下了良好基础。

每个人被馈赠礼物时都会有自豪感和满足感。当某人得到他人的馈赠之后，从心理上就有种要回报他人的"责任"。于是，他就愿意购买你的产品，或者会给你介绍新的客户来购买你的产品，从而达到回报你的目的。

有一天，小崔好友王玲陪去纺织城定做一件裙装。纺织城里裁缝店一家挨着一家，每家店门前都摆放着精美的服饰，可是小崔却被好友王玲拽走，左绕右转了半天，终于驻足在一家叫"名流"的小裁缝店前。连店名都是平淡无奇的，能做好衣服吗？定做完裙装后，她俩从店里出来，小崔疑惑不解地问："这店有什么出众之处，值得我们这么远寻来？"好友王玲诡秘地笑而不答。

四天后，小崔和王玲再度走进这家小裁剪店。店主热情地递过来一个别致的购物袋，原来是小崔定做的衣服，穿在身上，大方得体的裙装尽显女性的飘逸。准备离开时，小崔无意间往购物袋里一看，惊讶地说道："咦，这是什么？"一探手，一个富有民族特色的满族香囊呈现眼前，小崔赞不绝口。店主笑着走上前，亲切地说："这购物袋和香囊是与衣服配套送给您的，希望您能用得着。"小崔连连道谢。岂料好戏还在后头呢，小崔打开香囊一看，里面有几块布角、几枚扣子、一小团线、一张"名流"信誉卡，一时令小崔呆住了。好友得意地说："这就是我带你远到来此的秘密所在！"

原来，好友王玲常在这家小店定做衣服，每次都能收到店家赠送的这些小礼品，虽然也值不了几个钱，但作为恰如其分的附赠品，就被赋予了浓郁的感情色彩。尤其是店家赠送过程中表现出来的为顾客服务的心意和情谊，带给顾客的已经远远超过了交易本身的内涵，开启了市场的大门和顾客的心窗，所以好友才愿意在这里做衣服并乐此不疲地将其介绍给亲朋好友，这在她心中已经成为一种习惯了。

这就是消费心理中较稳定的习惯心理。这种消费习惯的养成，有一定的偶然性，有时因为店员的热情服务，有时因为某店的特色服务，有时候就是因为"赠品"的吸引。这家小裁缝店的店主就是运用了人们都喜欢被馈赠的心理策略，有远见卓识，舍得花钱为未来的发展进行投资，以其馈赠"礼物"的特色服务来吸引顾客，并在顾客心目中留下了深刻的印象。

在产品营销中，想要在众多的产品中脱颖而出，得到更多消费者的认可，除了要求我们的商品拥有过关的质量外，必要的促销手段也是十分重要的。给消费者提供一些精美的小礼品，是一种惯用的促销手段。优质的促销礼品，不仅仅宣传的效果十分显著，还可以达到很好的销售效果。这种用小礼品的营销宣传手段，更加经济实惠，也更加有效，真可谓小成本投入，大成本回收，深得营销人员的喜欢。

★ 营销心理策略

有"礼"走遍天下，销售人员随身携带一些小物件，关键时刻作为礼物送给客户及其身边的人，会收到意想不到的效果。不过，送小礼物也是有讲究的。

1. 礼轻情意重，小礼物无须贵重，只要能表明销售人员的用心、诚意即可。建议销售人员定制一些个性化礼物，如带有祝福语的小摆件、手机链、计时器等。客户看后能会心一笑，这个礼物就是上乘的。

2. 小礼物的质量要过硬，比如给孩子吃的糖果、小玩具等，不能是过期的、有安全隐患的，否则孩子若因此出事，后果就不是其父母拒绝你的推销那么简单了；送给客户的小礼物的质量同样重要，这关系着客户对你的产品的印象、对你的态度。

3. 小礼物最好在拜访的一开始便拿出来，这样客户会感觉欠你一个小小的人情，也就不会态度恶劣或者敷衍你了，而是在沟通中保持和悦的态度。若太晚，比如拜访即将结束，客户已经明确拒绝你的时候，你才拿出小礼物，不但于事无补，反而会让对方更反感。

幽默心理：适当的幽默会拉近与客户的距离

※ 心理学故事

作为房地产经纪人的琼斯领着一对夫妇向一个新楼盘走去，他很有信心完成这一笔单子。一路上，他为了推销这栋房子，一直喋喋不休地夸赞这栋房子和这个居民区。

"这是一片多么美好的地方啊，阳光明媚，空气洁净，鲜花和绿草遍地都是，这儿的居民从来不知道什么是疾病与死亡。"

就在这时，他们看见一户人家正在忙碌地搬家。琼斯马上幽默地说："你们看，这位可怜的人——他是这儿的医生，竟因为很久一段时间都无病人光顾，而不得不迁往别处开业谋生了！"

一时间，这对夫妇捧腹大笑，原先紧绷的脸放松下来，与琼斯热情地聊起来。后来，正如琼斯想的那样，他做成了这笔单子。

在销售过程中，幽默是拉近与客户距离最好的武器。适时发挥幽默的艺术，可以缓解双方的紧张气氛，打开话题，让人亲近，更能极大地增强自身的吸引力。因此，一个优秀的销售人员要善于发挥幽默的口才艺术，消除与客户之间的紧张感，使整个交流过程轻松愉快，充满亲切感。

幽默是生活情趣的催化剂、尴尬气氛的化解员、紧张情绪的调节剂……幽默的言行在生活中可以帮助我们处理各种关系，甚至能化解双方的矛盾。而在销售中，销售人员何尝不会遇到这样的情况呢？因此，作为一名销售人员，一定要具备幽默的心态，这样才能把丰富的知识、热忱的工作态度、良好的服务意识、非凡的头脑和智慧发挥到极致，让客户在轻松愉悦中与你合作。

一个正在推销不易破碎的钢化玻璃杯的销售员，当着很多顾客的面开始示范表演，即将一只钢化玻璃杯扔到地上而不碎，以此来证明这种杯子的质量好。

但是，意想不到的情况发生了，他拿出做实验的那只杯子恰巧是一只质量不合格的杯子，只见他把杯子猛地一摔，玻璃杯"砰"的一声碎了。看到眼前的这一幕，顾客们先是目瞪口呆，接着，哄声四起；而这位销售员自己也是异常尴尬。不过，他不愧为经验丰富的老销售，在短暂的心理波动后，他马上镇定下来，对周围的顾客们笑了笑，用沉着而富于幽默的语气说："你们看，像这种质量的杯子我是绝不会出售给你们的！"

围观的顾客听到这里，都轻松地笑了，现场的气氛也变得活跃起来。接着，那名销售员乘机又摔了几只质量合格的杯子，结果都没有碎，因而赢得了顾客的信任。他们都以为开始的那次"失误"是事先准备好的，只不过是用来吊吊大家的胃口。于是，大家伙也都纷纷购买这种神奇的玻璃杯。

销售人员一句幽默的话就这样化解了一次尴尬和危机，可见幽默在销售中所担当的重任。所以要想俘获客户"芳心"，还需要懂得一些幽默心理学。

我们在销售过程中都有这样的体会，很多顾客都相对比较冷漠和高傲，我们有时候甚至还要忍受常人想象不到的轻蔑和侮辱。那么，作为一名销售工作者，就应该尝试着自嘲一下，这样不仅可以缓解自己疲惫的心情，还可以让客户的态度有所缓解，给客户一个不敌对的购物心境，从而赢得客户的喜欢。

总而言之，做销售工作是一件艰辛的工作，每一个成功的推销员除了绝对的自信还需要具有惊人的幽默才能。所以，在推销的时候，适时地发挥些小幽默必能使对方感到心情放松和愉悦，也能给客户留下良好的印象，提高交易的成功率。

★ 营销心理策略

对于一名从事销售工作的人员来讲，如何利用幽默，来成功销售自己的产品呢？

1. 用幽默打造良好的个人形象。面带微笑和幽默的语言，不仅能给对方带来好感，同时，也可使你在顾客心中留下很好的印象。所以，充分训练幽默说话的能力，掌握幽默的口才艺术，能够为你在客户心中的分量加分。

2. 运用幽默建立友善关系。幽默会引人发笑，所以它被称为"善意的微笑"，也有人把幽默奉为"引发笑声的艺术"。在销售中，笑是调节双方感情和情绪的"润滑油"。因此，销售人员要善于利用幽默打开局面，建立与客户之间的友善关系。

3. 在笑声中达成交易。对销售人员来说，幽默说话最重要的一点，就是能让客户在笑声中产生购买的欲望。因为推销其实比拼的就是人与人的心理亲近度，是你和客户心理距离的远近，只有你拉近与客户的心理距离，他才能相信你，从而达成交易。

4. 用幽默缓解紧张气氛。人与人之间的交往，语言是很好的沟通工具，利用诙谐幽默缓解紧张气氛，无疑是最好的武器。人们在日常交流过程中有时由于言语不合，或者话题转入令一方或双方难以应付的时候，气氛就会变得尴尬、沉闷，这时适当运用些幽默的语言，对于避免和消除这种尴尬都很有效果。

笑脸心理：微笑让客户给你的形象加分

※ 心理学故事

在一次世界顶级汽车展销会上，一位来自中国的富翁走到某品牌汽车前，对汽车销售汤姆说："嘿，小伙子，我想买辆跑车！"面对这突如其来的好事，汤姆很周到地接待了这位富翁，只可惜汤姆全程都是那种冷冰冰的表情，没一会儿，富翁就走开了。

这位中国富翁继续参观，他又来到另一款汽车品牌展馆前。这时，只见一位笑容灿烂的小伙子主动迎上前来，与之打招呼，并邀请其到里面仔细参观。受到如此热情的招待，富翁有种宾至如归的感觉，于是又一次说："小伙子，我想买辆跑车！"

"没问题，先生，您这边请，我给您详细介绍！"在整个过程中，小伙子始终面带微笑。最后，富翁说："我喜欢人们表现出他们非常喜欢我的样子，你用你的微笑做到了，你是这个展销会中唯一一位让我感到我是受欢迎的人！谢谢！"第二天，富翁带着一张支票过来，从这位推销员手中订购了一台价值 100 万美元的跑车。

没错，这就是微笑的魅力，一个迷人的灿烂微笑价值百万。因为笑能把你的友善与关怀有效地传递给客户，是最具吸引力和魅力的无声语言。世界上最伟大的推销员乔·吉拉德说："当你笑时，整个世界都在笑。一脸苦相，没人理睬你。"的确，微笑是世界上最美的语言。一个真诚的微笑，不仅能缓解紧张情绪，还能拉近双方之间的心理距离，愉快地达成交易。

没有哪个人喜欢冷冰冰的脸，所以，在与客户交往中，销售人员切记别吝啬自己的微笑。只需一个发自内心的微笑，就可以瞬间打消客户心中的顾虑，赢得客户的信任。所以，这样一个没有投资、收益却最大的方式，销售人员一定要学会用、必须用！

在客户的第一印象中，销售人员的衣着打扮固然很重要，但最重要的还是你的精神状态。所以，当你见到客户的时候，首先要让客户看到的是一张阳光灿烂的笑脸，你的微笑能让对方产生亲切感。只有当对方对你产生了好感后，你们之间的交流沟通才会变得自然顺畅，而你脸上的笑容也会越来越自然亲切。如果你的微笑练到了炉火纯青的地步，就算是去见最刁钻的客户，你的笑容也会自然而然地流露出来。那么你留给客户的第一印象就非常好，因为亲切而又自然的笑容永远是受欢迎的，这样客户就愿意跟你多交流多沟通。

在一次大型的房展会上，很多顾客都在参观一个欧式风格的别墅群。而某大公司的李总却对一套价值不菲的海景房表现出了很大的兴趣，他打量了一下海景房的销售人员说："这里的海景房每平方米多少钱？"

那位销售人员面对着这个穿着貌似普通的顾客，冷冰冰地告知了其价格。李总虽然对这套海景房很感兴趣，但是看着销售人员"平静"的脸，他悻悻地走开了。

当他又来到另外一个海景房销售处时，那里的销售人员脸上挂着灿烂的微笑向他打招呼。销售人员脸上一直保持的微笑使得李总顿时亲切了许多，于是他再次问了一句："你们的海景房怎么卖？"销售人员仍然面带阳光般的微笑告知了房子的具体价格，并带领李总观看了楼房沙盘和样板间。就这么简单，销售人员先用微笑打动了顾客，然后再推销自己的产品。之后李总满意地签下了购房意向书。

微笑宛如润物无声的细雨，能化解一切冷漠、疑虑和陌生感，获得消费者更多的理解和认同。因此，即使你的笑脸不那么迷人也不要紧，请大胆地笑。一般情况下，如果你对别人皱眉，别人也会用皱眉回敬你；如果你给别人一个微笑，别人就会用更加灿烂的微笑回报你。对于销售人员来说，你的微笑是必需的！会微笑的人销售业绩也一定不错！

微笑就像三春的阳光，能融化堆积在人们心灵之间的冰雪，改变客户的心情，制造出你与客户交流所需要的那份和谐气氛。但也要记住，微笑一定要是发自内心的笑容，强装的笑容还不如不笑，可能会让客户感到不自在，所以，营销人员还要学会真诚地笑脸迎人。

总之，对于营销人员来说，要想提高自己的销售业绩，除了需要你有好的产品和足够的知识外，还需要"心灵的名片"，那就是微笑。笑脸迎人会让你的客户或消费者感受到你的热情，从而达到销售产品的目的。

★ 营销心理策略

那么，销售人员如何练就迷人的真诚笑容，来打动顾客呢？

1. 用牙咬住一支铅笔或其他条状物，露出八颗牙齿，保持嘴角上扬，每天对镜练习 3～5 分钟；还可模仿具有迷人笑容的公众人物，将其影像资料找来仔细研究、模仿。

2. 热爱生活、热爱工作、热爱家人，始终保持积极乐观的心态，保持一份愉悦的心情。遇到困难微笑面对，告诉自己"没什么大不了"。

3. 大量阅读幽默故事、观看喜剧类影视作品和表演，刻意"逗"自己发笑，不压抑自己的感情。

4. 见客户前，首先要调整好自己的情绪，告诉自己："又有机会销售了，为什么不高兴点儿呢？"然后，面带微笑地推开客户的门。微笑示客，你将获得丰厚的回报。

惊奇心理：制造惊喜满足客户的需求

※ 心理学故事

有一位从事净水器销售的工作人员，他首先来到某公司的办公场所。一进门，他没有做任何的自我介绍，而是微笑着从包里拿出一样东西，直接递给一个正在吃惊地看着他进来的人，说："请看一下这个！"对方还没反应过来，手里已经多了一份宣传册。

"这是什么？"他一边询问一边反复观察手里的宣传册。与此同时，销售员又拿出几份关于净水器的宣传册，分别递给了在场的其他人，很快便引起了大家的一场议论。于是他抓住机会展开宣传，对净水器的功能、给大家带来的好处一一说明，大家的注意力都集中到了他推销的净水器上。

案例中的销售员正是利用人们对陌生人或物品容易产生好奇的心理，成功地将人们的注意力转移到了他所销售的产品上，并抓住人们在看净水器资料的同时及时宣传。当人们了解到他的真正身份及真实意图之时，可能已经准备购买他的产品了。

客户的好奇心理需要营销人员去创造，所以在销售空当适当地给客户带来一种惊喜，惊喜不在大小，而在于销售人员的一份心意。只要销售人员多加留心，就一定能找到让客户惊喜的机会，进而提升客户的忠诚度。

"王姐，上次听您说总是睡不好，正好我妹妹是××医院神经科的主任医师，我跟她说了您的情况，碰巧她们医院最近刚好研制了一种失眠贴，说是特别有效，这不我就给您带来了一些试试看。"其实失眠贴是否真的对症并不重要，重要的是销售人员的这份心意着实令客户感动，也会给客户很大的惊喜。

"喂，您好，我是××公司的维修人员，就在您公司门外，给您修机器来了！"听到这话，客户心中纳闷："刚才电话中不是说24小时内上门吗，怎么这么快就来了，这家公司的效率真高！"有了这样的评价，客户能不再次购买吗？

"恭喜张总，新店开业！""李总，生日快乐！我给您订了一个蛋糕，店家一会儿送上门，您注意查收！""陈总，昨日听说您喜得贵子，恭喜恭喜！"……这些特殊的日子，销售人员若能知晓并记住，及时送上祝福和适当的礼物，客户自然对你印象深刻、好感倍增。

由上可以看出，在为客户提供优质的服务的同时，销售人员如果再像上述情景那样，制造一些惊喜，就会让客户更加开心。与此同时，你不仅能牢牢地抓住客户的心，还会收获客户给你的带来惊喜回报。

还应该注意，销售人员制造"惊奇"时，无论是利用语言、动作还是其他什么方式引起客户的好奇心，都应该与销售活动有关，不能脱离销售主题，否则这个"惊奇"就毫无意义，不宜引领双方进入销售环节；引起客户好奇心的方法，必须能真正达到出奇制胜的效果，切不可随意而为；销售人员不要陷入"自我欣赏"的泥沼，自以为奇，自得其乐，而客户却不以为奇，这只会弄巧成拙，反而影响客户对你的印象。

销售人员能够准确地把握来自客户的好奇心，因为客户的每一个表情和动作都有一种潜在的含义，在他们眼里都是有内容的。销售人员要能够从客户的购买习惯中发现一些有价值的信号，敏锐地观察到客户与众不同的信息，并迅速做出判断，从而开展自己的销售工作。

譬如，当一位服饰鲜艳、珠光宝气的顾客走进汽车展销大厅时，你就知道她可能更喜欢那种刺激、新潮的车。或者，如果在客户的办公室或家里看到摆放着许多小摆件的话，你就知道他会乐意买一辆挂有艺术品的车。总之，无论是墙上的工艺品，还是桌上的照片，都能告诉你一些有关客户的喜好信息。销售人员可以根据这些不同客户的信息设计销售策略、改进销售计划。

在与客户交往的过程中，销售人员必须眼观六路、耳听八方，要能从客户的动作、表情、语言、服装等各种要素中发现蛛丝马迹，日后多加以分析判断，对客户就能够做到了如指掌。显然，发现客户的秘密，读懂客户的心，你才能准确无误地迎合对方，才能够收获更多。

★ 营销心理策略

制造"惊奇"，销售人员可以采用以下策略，从而博得客户的好奇心：

1. 面谈中提出客户从没有想过、注意过的问题，引发客户的好奇。如"您知道每年全国死于交通事故的人有多少吗？""您知道人的一生有多少天吗？"，等等，让客户在探寻答案的好奇心的驱使下，一步步被你引到你销售的产品中来。

2. 设计别开生面的产品展示方式，吸引客户的眼球，引发客户的好奇心。

3. 准确把握客户心理，找准客户的"惊喜点"。比如其最在意什么、最感兴趣的是什么、最期待什么等，这样对症下药，客户自然会惊喜连连。

4. 被客户拒绝后，还可利用人们对"只说一句话"之类的小小请求的宽容与好奇，重新唤起客户的注意，引发其再次思考，往往能起到力挽狂澜的作用。

第 *3* 章

获得客户信任的心理策略

获得客户的信任是让客户尽快下单的秘诀，大多数客户都会对销售人员有戒备心理，即使销售人员很真诚地告诉他产品的真实情况，他们也都会半信半疑。因此，如何能够打消客户的疑虑，取得客户的信赖，让他们放心地接受你的产品，是一名销售人员必须掌握的技能。

可靠心理：信赖是客户购买产品的基础

※ 心理学故事

　　负责某超市蔬菜生鲜采购的徐军在牛大伯家的菜园转了又转，始终没有下订单，因为他心里一直有所顾虑：上几次在一家大型菜园采购的蔬菜，虽然圆润光滑、卖相也不错，但顾客反映这些蔬菜存在青、涩、酸、硬、没有太多水分的现象。上架初期卖得还算可以，可是慢慢地销量一天不如一天，最后剩下的西红柿卖不掉都坏了，害超市亏了不少钱。

　　针对上次采购中出现的这类问题，牛大伯给徐军解释说："像您所说的这种现象，一般是由药物催熟导致的。比如西红柿经过这样的催熟处理后的生长期较短，口感上自然与正常生长的西红柿相差很大。您放心，我们菜园出产的蔬菜全都是正常生长的，绝对不采用任何催熟技术。您可以随意从园中选一个，我给您摘下来尝尝您就心中有数了。"

　　徐军尝过之后觉得很满意，但还是迟迟没有下单。这时牛大伯似乎也察觉到了徐军的担忧，忙上前去说："您放一百二十个心吧，凡是从我们菜园出的每一箱蔬菜上都贴有无公害农产品的标签，保证每箱西红柿里绝无掺杂不良品。如果今后在销售过程中出现什么问题，您尽管再给我拉回来，我绝对认账。"

徐军听到牛大伯这么一说，心中的疑虑顿时烟消云散，并且很痛快地与牛大伯签订了长期蔬菜供应合同。

一生之中，每个人都会有多次购买失误的情况。对失败的害怕心理及不安全感会导致人们不敢随意购买产品或服务。因此，要想成功拿下订单，首先就要消除客户对购买商品后的风险担忧，直到客户没有任何顾虑去接受你推荐的产品为止。

现实生活中，人们在购买每个商品之前，心中总会有这样那样的顾虑、担心，比如害怕产品的售后服务不到位、担心产品质量等。如果销售人员此时能够捕获到客户的疑虑点，针对客户的疑虑点再做出承诺，这无异于是一剂"强心药"，从而增强了客户的交易信心，让客户尽快做出购买的决定。

周经理：你们公司的顾问费开价也太高了吧，两个人、3个月、300万元，每人每月可就要50万元哪。

销售员小邓：周总，您这账不能这么算哪。先不说我们这两个人的工作量。贵公司每月平均库存金额为5000万元，且这个数字随着时间还会不断攀升。我们的顾问组花了两周的时间对贵公司的采购流程、生产流程现状做了详细调查。我们确信，通过我们的这个方案，贵公司会在半年后，库存金额从现在的5000万元下降至2000万元，您节省下来的费用足够支付我们的顾问费了。

周经理：你说的是不错，可你们怎么就能保证将库金额存降至 2000 万元呢？

小邓：要做到库存降低，首先采购的方式要有所调整……我们达成协议后，您每周一都会收到一份报告，报告上会写明，我们本周内要完成哪些事项及上周任务的完成情况，您可根据这份报告看有无实效，我们会让您清楚地看到您投入的每一分钱都能够得到明确的回报，若您感觉效果不佳，您可以提出终止合作。实际上，您所支付的顾问费都是从您节省的库存费用中拨出的，也就是说您根本就不需要多支付任何额外的费用，却能达到减少库存、提升经营管理水平的目的。周总，您说是不是这样的呢？

案例中，销售员小邓向客户做出了"每周提供顾问工作报告""不满意随时终止合作"的承诺，并通过分析，让客户了解到"这笔顾问费实际上是他们自己挣出来的，不需要他多支付任何额外的费用"，这家公司的经理的顾虑消除，销售人员小邓也顺势达成了交易。

在大多数情况下，为了促成每笔交易，销售人员往往避免不了会向客户做出某些承诺，从而让客户有安全感，让其放心并下决心购买。但是，销售人员不能失信于客户。因此，在使用此方法促成交易时，销售人员还应注意要通过观察和沟通，找准客户心里的真正障碍点，了解他到底还有哪些顾虑，然后对症承诺，向客户提出他所想要的保证。

由于现实生活中存在着许多消费陷阱，客户也是为此吃尽了苦头，从而心中产生不安全感。这种对产品或服务的不安全感是影响他们实施购买行为的一大障碍。销售人员如果在销售过程中能够采取适当的方式消除客户对风险的担忧，就很容易让他们放心大胆地购买你的产品。

★ 营销心理策略

每一名营销人员，一定要让客户从心里感觉到购买你的产品放心。只有减少客户对风险的担忧，才能获得更多订单。所以你必须懂得一些策略：

1. 提前试用的方法。不管顾客买不买，先热情地让他试一下，因为提前试用的方法，能在一定程度上也就是在心理上减少顾客对产品特别是新产品的一些不安全感。这样一来，客户的疑虑就会很快消除，与此同时，信赖和信任感就会急剧增加，成功的可能性也就增大了。

2. 售后质量及维修保证的方法。顾客买东西固然是想买质量好的，但是在购买产品之前顾客又怎么知道质量好不好呢？不知道就会产生顾虑，所以就不会那么容易下单。这个时候就需要我们销售人员来为顾客送上一颗定心丸，那就是售后质量及维修保证。只有这种方法才能够解决顾客的后顾之忧，更加容易地打动他们。

熟人心理：让第三方推荐帮助完成交易

※ 心理学故事

　　蔡伟是做一种内墙涂料的供应商，产品虽不是什么名牌，但质量相当不错，许多家建筑工程公司都在使用。蔡伟平时为人不错，面相看起来更是个厚道的人。当他进入一个独栋公寓楼的建设涂料项目部的时候，蔡伟先找到了负责人叶总说了好几次，叶总都没有答应选用他家的这种涂料，因为他认为这个涂料是标准品，用谁家的都一样，所以总觉得这个事情交给蔡伟，还不如给自己的熟人去做呢，顺水人情给自己熟悉的人总比给陌生人强。

　　几天的努力下来，蔡伟也没有说服叶总，感到很失落，但心里也是不甘心。恰巧他跟自己的另一个客户李总吃饭时说起了这事，这位李总人很爽快，答应帮他一把。

　　原来，李总和叶总私下里就有一些交情，他们都是当地建筑行业的老熟人。李总于是主动请叶总吃饭，席间聊天时，李总有意向叶总推荐了一家涂料的供应商，并且说自己的工程部门一直在用这个企业的产品，使用效果非常好，价格也不贵，质量也过硬，关键是对方人不错，所以建议他们见见。李总于是就给蔡伟打电话，让他过来聊聊。其实这事是李总早已安排好的，目的就是通过自己的推荐，用自己的工程现身说法，这样更加有说服力。等到蔡伟到了饭店，叶总一看是见过面的熟人，也非常高兴。于是就说看在李总鼎力推荐的面子上，这个单子就给他做了。

可见，通过第三方客户的推荐，真的比自己直接推销的效果要好很多。这是因为人们情愿听取身边朋友对于某产品的评价，也不愿直接听从销售人员亲口传达的信息。换句话说，人们希望看到其他用户对产品的评价，而不是直接听从推销员的劝说。这就是熟人效应。因为通过熟悉的第三方介绍，客户会感觉更放心、更可靠、更可信。所以，在做营销的过程当中，当自己无法说服客户的时候，不妨找个第三方的朋友帮着推荐。

销售人员需要好好地利用身边的人来帮助自己去做更多的工作。销售人员最好是让自己的用户帮助自己来代言，在营销过程中，如果用户能够在媒体平台分享自己正在使用的产品，并且说这个产品很好用的时候，实际产生的促销效能确实就比直接推销所产生的效能更好。

第三方一般都是使用该产品的老客户，老客户的评价是最有发言权的，客户内心也最容易被触动。比如网络上的一双鞋，客户不知道这鞋合脚不合脚，穿起来舒服不舒服，但是通过已经购买过此鞋的顾客在后面评价栏里的留言，并且说这双鞋不错，自己穿着特别舒服，这样，之后的客户就比较容易相信另一位使用者的话了。这也不奇怪，因为实践出真知啊。

我们看到很多顶尖销售人员在行业内做了多年销售以后，在家睡觉也能带来订单，那不是因为这些销售人员是天才，而是在众多的企业中已经有了我们所说的内线，自己可以稳坐中军帐，其实这都是他们前期努力积累的人脉资源在起作用。但是，顶尖的销售人员不会睡觉，因为维护老客户其实也是一个费时费力的活。这些人就是我们交易中能够进行临门一脚，推进销售的第三方，这个第三方通过不断地说销售人员的好话，可以改变客户内部对自己的看法。

第三方推荐其实就是常用的一种增加信任感的心理策略。在以前，人们要去见人的时候，会有人帮助写推荐信，而这种推荐信，其实就是一种第三方的信用背书，这能够让被推荐人尽快获得信任。

★ 营销心理策略

作为一名营销人员，如何找到第三方是打开销售门路的关键，你该如何找到第三方推荐人呢？

1. 让客户推荐。让使用你产品的老客户推荐新客户，老客户大都是你公司产品的忠实拥护者，他们不仅相信你公司的产品，更是把你当成了不错的朋友，因此只要你求他们办事，他们会很乐意帮助你。

2. 发展内线。在客户公司内，找到支持自己的人，比如自己的产品在客户公司里使用的时候，需要公司内部的人能够帮助我们说好话，这样的话就更容易获得客户公司的整体认可。销售员和客户交上了朋友，也就找到了帮自己说话的内线。

共鸣心理：与客户有共同点就有了共同语言

※ 心理学故事

某品牌面包公司的销售员郭军，想让自己公司的面包入驻某大宾馆的餐饮部，可他想尽了办法都没有成功。此后的三年间，他几乎每星期都会去拜访该宾馆的餐饮部经理、参加这位经理举行的各种交际活动，但仍是一无所获。

后来，郭军通过朋友了解得知这位经理是中国饭店协会会员，而且非常迫切地想成为该协会的会长。在接下来的见面中，郭军就与他谈论关于饭店协会的事。几次谈话下来，这位经理居然主动让郭军带着货样与价目单前去洽谈面包生意。最终，他的面包成功入驻这家宾馆，而且取得了不俗的业绩。

成功之后，郭军不无感慨地说："我紧追他三年，费尽心机想和他做买卖，最后还是通过他所感兴趣的东西才获得了成功。"

从上面的案例中不难看出，"投其所好"对于说服客户、销售成功起着多么重要的作用。要想让客户从心底对你感兴趣、对你的产品感兴趣，销售人员先要找到能让该客户感兴趣的"点"，在与其交流、交往中激起其情感的共鸣，这才是成功拿单的基础。

没有谁会对自己不感兴趣的事情投入太多精力，当遇到自己感兴趣的事情就会不自觉地投入其中。人们的这一心理，为销售人员提供了说服购买的方法，那就是"投其所好"，主动迎合客户的兴趣，让客户在满足内心需求的情况下接受销售人员，进而喜欢并购买销售人员的产品或服务。

场景1：

销售员：您好，张经理，我叫王悦，我们公司是专业生产办公座椅的厂商，这是我们公司的宣传资料。

客户：哦，我们这里暂时不需要！

销售员：听您说话应该是陕西人吧？我是陕西咸阳的。

客户：我家在西安，这两个城市离得不远！

销售员：是啊，我经常去西安，最喜欢吃雁塔路一家"羊肉泡馍"了！

客户：哈哈，我也喜欢吃，唉！已经好久没吃过正宗的了……

两个人就这样开始聊上了，后来这位客户还给王悦介绍了几单不小的生意呢。

场景2：

销售员：丛总您好，我是××公司的销售员秦燕，很荣幸能够见到您。

客户：你好，秦小姐，请坐。

销售员：（看到办公桌上摆着一张小女孩获奖的照片）这是您女儿吧？真是个优秀的孩子！

客户：是的。

销售员：有其父必有其女，您这么能干，您的女儿必定也很优秀了。

客户：我女儿的确很优秀，她不仅在这次全区少儿舞蹈大赛中获得一等奖，还是市三好生……

销售员：哦。对了，丛总，您昨天说让我将产品资料带过来，给您，这是我们的产品说明书，这是样品！

客户：哦，咱们净顾着闲聊了，都忘了正事。好，我看看……这一款多少钱？

客户桌上的照片让销售员找到了与客户面谈的切入点，从客户的女儿谈起，正中客户爱女之心，气氛顿时活跃起来。等客户的戒备心理跑到九霄云外，销售员再适时转入销售话题，自然也就顺利很多。

上面两个案例成功的关键都在于"共同语言和共同话题"。两个陌生人若在背景、经历、兴趣和品位等方面相同或相似，无疑会迅速拉近彼此间的心理距离，消除陌生感。

因此，销售人员要想迅速接近客户，最好的捷径就是寻找你与客户之间的共同点，如果没有，就努力培养一个。那么，当你与客户沟通时，就可从这些共同点入手，无疑你们会相谈甚欢，彼此的心理距离也会在愉快的交谈中不知不觉地拉近。跟客户的距离拉近了，业务也就离谈成不远了。

★ 营销心理策略

如何与客户找到共同的话题，销售人员要想"投其所好"取得销售成功，可从以下策略做起：

1. 满足客户的迫切需要。当某个人最迫切的需求一时难以得到满足时，突然有人慷慨相助，他必定会寻求一种方式回报，以平衡内心受惠后的感激之情。比如客户的儿子喜欢集邮，非常想得到某套邮票，销售人员得知后，自己想办法买一套送给客户，客户得到后必然会有积极的回应。

2. 谈论客户感兴趣的话题。比如客户的爱好、兴趣，可以共同切磋技艺。

3. 与客户一起行动。如果客户喜欢下象棋，你就可以在合适的时间陪他下下棋；如果客户喜欢打牌，你也可以陪着他玩玩牌；如果客户喜欢钓鱼、爬山等，就陪着客户从事他喜欢的这些活动。

落实心理：做好承诺让客户踏实放心

※ 心理学故事

销售员：张总，如果您没有什么意见，咱们就把合同签了吧，我也好尽快安排培训师。

客户：唉，我还是有些担心培训效果。

销售员：您的这份担心我理解，可这个培训效果是由多方面因素决定的，比如课程内容、培训师的授课水平、受训人的自身条件及其学习和愿意改变的愿望等。其中课程内容是根据贵公司的业务特点量身设计的；培训师 × × 是业内知名专家，您也是有所耳闻的，况且您也听了他的课，您不是觉得他讲得挺好吗？

客户：当然了，他的课确实生动、实用，互动性也强。

销售员：那您还担心什么呢？我已经给您承诺，培训后我们公司会跟踪一年，对学员的情况进行了解并及时做出反馈，如有必要，再免费提供一些指导。

客户：如果你不履行承诺怎么办？如果你不在这个公司干了，我又找谁去呢？

销售员：哈哈，经过这么长时间的接触，您还不信任我？要不这样吧，咱们将售后服务的内容也一并写在合同中，添加一些条款，您看如何？

客户：好，这样我就放心了。你把合同给我看看！

一个落在书面上的承诺，让案例中的客户下定了决心，终于同意签订培训合作协议。所以，在实际的销售过程中，尤其是到了签约阶段，如果客户迟迟不签约，销售人员应及时通过观察、询问等了解客户的疑虑所在，然后想办法去化解，做出让客户消除顾虑的承诺。为了避免遗忘及客户误解，销售人员最好将承诺的内容以书面形式记录并请客户过目确认，还可将承诺的内容直接写入合作协议之中，以消除客户的担心，促使客户尽快做出购买决定。

销售人员如何向客户做承诺是一门学问。很多销售人员为了能与客户快速成交，尽快完成自己的销售任务，就给了客户过度的承诺。当客户在今后的消费过程中发觉你当时的承诺与现实中的事实不符时，他们很可能会把这种抱怨上传到网络上，这对于公司的产品营销会产生不好的影响。

对于销售员来说，诚信意味着讲原则，总有一些需要坚持的东西。其实不对客户做过度的承诺也是诚信的一部分。对于客户的需求，比如一台挖掘机，销售人员往往会夸报产品的挖掘能力，客户在使用的过程中，如果能够达到这个能力，那不会说什么；如果达不到，客户就会反感，甚至以扣除余款作为惩罚。这样维系客户的方式会让客户对销售人员失去信任，也会对你所在的公司产生负面影响。

善于承诺的销售人员会拿出真实的数据，然后做承诺，而不是百般顺从客户的要求。那么，如何才能够面对客户做出恰到好处的承诺呢？有经验的销售人员提出如下的原则：少承诺，多兑现，坚持说到做到。

客户如果向我们询问产品和服务的情况，我们需要给予客户适度的承诺。在具体的沟通过程中，如果客户提出的要求是合理的，同时确保自己可以通过努力来达到客户的要求，而且这些承诺有利于促进交易的实现，那么就可以做出承诺。在面对客户的要求时应该有选择、有技巧地进行承诺，销售人员需要尽量满足客户的需求和期望。

总而言之，销售人员在对待客户方面，原则上要少承诺，多兑现。如果你已经向客户进行了承诺，那就一定要尽全力去落实，否则就会失去客户对你的信任。如果可以不承诺的话，要尽可能减少对客户的承诺，即使是那些你很容易就可以做到的事情。这是因为，当你热情主动地为客户做了那些当初没有承诺的事情时，客户会感觉你做的事情超出了他们的期待，这会使他们感到非常满意。而这种超出期待的满意情绪对你和客户今后的友好联系具有举足轻重的意义。因此，销售关键不在承诺，而在于落实，能够让客户心里踏实，才能顺利达成交易。

★ 营销心理策略

无论承诺还是不承诺，其实客户要的就是对产品质量和售后服务的满意度、可靠度。作为一名销售人员，就是要懂得如何让客户放心地购买，让客户从心理上感觉到踏实放心。

1. 承诺要坚定。承诺时一定要表现出真诚的态度和坚定的语气，不要支支吾吾，更不要唯唯诺诺。一旦在承诺过程中的表现不够坚定、真诚和信心十足的话，承诺的内容就会大打折扣，客户进而会对此次沟通产生不悦。

2. 特别是那些现场的销售活动，承诺一定要干脆。在商场里，女人如果问，这件衣服我穿上好看吗？这一定需要肯定的回答。比如"真的很合适你""你穿上很漂亮"，这种抽象的承诺怎么说都没有事。

3. 对于要求有数理参数做支撑的承诺，就不能乱说了。如果已经确定客户的某些需求无法给予满足，就千万不要轻易承诺。这时，可以采用其他辅助手段淡化客户这方面的需求，或者真诚地向客户表明你的难处。

自誉心理：言语中要传递自己对产品的信心

※ 心理学故事

　　某公司新推出一款产品，派销售员 A 前去洽谈，当销售员 A 好不容易约到一位有意向的新客户，可是在与客户面谈时，他的产品介绍如背台词般中规中矩："我们公司建立已经五年了，虽然资质还比较浅，但我们的产品还是不错的。和市场上同类产品相比，我们的这款新品主要有三大优点：一是性能比较好；二是价格低，比较实惠；三是售后服务好，解除您的后顾之忧。希望您能考虑一下我们的产品！"结果，新客户很快以"暂不需要"回绝了。

　　在销售员 A 久攻不下的情况下，公司又派销售员 B 前去攻关。面谈时，只见销售员 B 端坐椅中，目光直视客户，面带微笑地向客户介绍道："您好，感谢您在百忙中能抽出时间见我，我相信我们公司的产品一定能让您满意，理由有三：第一，我们专业做 ×× 产品五年了，在业内有很好的口碑，而这款新产品在 ×× 这三个方面均优于市面上的同类产品；第二，这是使用过我们产品的老客户给我们的反馈表，您看一下，客户满意率达到100%；第三，最关键的是，我们有完善的售后服务系统，保证做好售后保障工作。如果您选择我们的产品，我们一定让您感觉物超所值！"最终，销售员 B 与客户签订了价值 10 万元的购货合同。

面对同一个客户、销售同一款产品，两个不同的销售员的结果却是一个失败、一个成功。客户给出的解释是：我在销售员 B 身上看到了他对自己、对产品的信心。的确，如果销售人员连自己都不相信自己、对自己的产品都没有信心，又怎么能赢得客户的信赖呢？因此该夸自己产品的时候，一定要坚定地说出自己产品的优点。这种自誉心理可以影响到客户的购买决定。

在营销过程中，若销售人员对自己、对产品缺乏信心，那么他的介绍语言就没有力量，反而他还会将这种消极情绪传递给客户，那么，客户自然也会对他所推销的产品产生忧虑，即使这个客户急需这类产品也可能不会从你这里购买，因为他没有信心做出购买决定。

作为一名销售人员，必须对自己和产品充满信心。在销售过程中，销售人员不仅要对自己有自信，更要相信自己所服务的公司。销售人员对公司的正确态度是：相信自己工作的公司是产业中最好的公司。如果销售人员认为自己的公司在同行中并不出色，说明销售人员并不喜欢自己的公司，也就谈不上喜欢公司的产品了。所以说，如果你选择了一家公司企业，选择了他们生产的优质产品，就一定要对公司、对产品满怀信心，并且时刻向顾客传递出一种强烈信息：我们的公司有雄厚的实力，我们的产品是优质的、高效的，我们是一家有前途的公司，是一家注重长远发展的公司，是一家时刻为客户提供专业服务的公司。

销售人员认可公司的同时，也就认可了公司的产品，而销售员对产品的态度会决定其业绩的高低。如果销售人员认可公司的产品，那么在与客户的互动沟通之中，会有效地传达给客户充满自信的信息，从而能顺利地说服客户。

可见，了解自己所在的公司和产品，对于一个销售员来说是相当重要的。如果一个销售员不了解自己的公司，对自己所销售的产品都不熟悉，那么就没有人愿意与这样外行的销售人员打交道。因为你连自己所销售的产品都无法了如指掌，你也就根本无法说服客户信任你，更别提购买你的产品了。

作为公司的销售人员，你应该了解你所销售的产品的相关知识：产品的名称、基本性能、价格；与同类竞争产品相比，在结构、性能、价格上的优点；产品提供的售后服务。一个销售员只有掌握了这些基本常识，对自己的公司及产品有一个正确的态度，才能在顾客面前昂首挺胸，大胆地介绍自己，销售自己的产品。

乔·吉拉德销售的是雪佛兰牌汽车，他当然清楚还有比雪佛兰牌更好的汽车，他也买得起其他任何牌子的车，但他坚持开雪佛兰。他说："你必须相信你的产品是同类中最好的。我发现许多雪佛兰经销商开着凯迪拉克和梅赛德斯去上班，每当我看到他们这样做，我就觉得痛心。要是我销售雪佛兰，开其他牌子的车，我的客户见了就会想，吉拉德是不是不屑于开他自己销售的车呢？在我看来，向客户传达这样的信息真是愚蠢之极。"

有市场，就有竞争的存在。要在竞争中获胜，熟悉自己的产品，掌握产品的相关专业知识是进行成功销售的前提。丰富的产品知识能使销售员快速地对客户提出的疑问做出反应，这不但可以增加销售员的自信心，还可以赢得客户对销售员和产品的信赖。如果一个销售员对自己的产品不了解，还想当然地认为客户会不加了解就购买产品，这几乎是不可能的。这样的销售员也是不合格的，更无法赢得客户对产品的信任。成功的销售人员能够不断地找出公司产品的众多优点，充分满足客户的需求。

无论销售什么产品，只要你在心理上彻头彻尾地认为你所销售的产品是最好的，那么你一定能够将这种意识传达给顾客，一举攻破顾客的心理防线。

作为一名销售人员，一定要相信自己的产品，相信自己的企业，相信自己的销售能力，相信自己肯定能取得成功。这种自信能使销售人员发挥出才能，战胜各种困难，获得成功。

★ 营销心理策略

每一位销售人员都应该对自己所销售的产品有信心，相信自己的产品能够给客户带来利益、能够满足客户的需求，并在与客户面谈时，将这种自信有效地传递给客户，增强客户的购买信心。

1.自觉学习并精通产品知识，提升对产品的信心。一个连自己的产品都不了解的销售员是很难说出信心十足的产品介绍语的。

2．精心准备，提升信心。物品准备一般包括名片、产品宣传手册、样品、产品检测报告、演示设备、辅助器材，还有客户背景资料等；语言准备就是产品介绍语的准备和演练。"台上一分钟，台下十年功"，推销语言练到熟练，在客户面前自然不会掉链子。

3．外在形象要透出自信。比如穿着要保持干净、整洁、大方、得体；坐姿、站姿端正，眼神专注，手势有力等。

4．声音传递自信。销售人员在与客户面谈、介绍产品时，语言要简洁明晰、声音要洪亮有力、音调要平稳而富有激情，这样才能感染到客户，提升客户的购买信心。

参与心理：引导客户亲自体验产品

※ 心理学故事

一次，在某品牌榨汁机的销售现场，一位销售员为了演示其榨汁杯"摔不烂"的特点，不时邀请在场的顾客亲自拿起杯子往地上摔，并承诺：如果发现摔过的杯子有裂纹，当场赠送一台榨汁机。随着"乒乒乓乓"的声音不断响起，杯子任顾客怎么摔也碎不了，围观的人们纷纷交头称赞。接着，销售员又拿出一个大塑料杯，将满满的一杯水朝榨汁机泼了下去，在顾客们的一片惊讶声中，销售员打开电源开关，湿漉漉的榨汁机照样正常运转。顾客被眼前的这一幕彻底征服了，纷纷解囊购买。

一般来讲，人们往往相信自己亲眼所见、亲耳所听、亲身所历。亲身体验胜过销售人员的千言万语，所以，销售人员在进行产品推销时，千万不要忽视让客户参与。让客户亲自体验到商品的好处，才会有效地激发客户的购买欲望，因为他们的感官会刺激其购买动机，进而下定购买的决心。只要客户愿意参与体验，那么十有八九就会购买你的产品。

销售活动不是销售人员一个人的事情，如果只是凭借销售人员自己一直滔滔不绝地讲，充其量也只是一出独角戏，可能会感染"观众"，但无法引起"观众"参与进来的兴趣。想要充分地调动客户的积极性和参与热情，销售人员就要打破"独角戏"的模式，让客户参与到表演当中来，作为一个重要的角色和你一起演出，这样客户才会产生真切的感觉，投入自己的真实情感。

赵亮是一名销售安全玻璃的业务员，在他的随身皮箱里面总是放着一把铁锤和一些截成几厘米见方的安全玻璃。每当他去拜访客户的时候，总会问客户同样的问题："你相不相信安全玻璃？"当客户说不相信的时候，他就把玻璃放在他们面前，拿锤子去砸玻璃。每当这时，许多客户都会被吓一跳，同时发现玻璃真的没有碎裂开来。然后客户会说："天啊，真不敢相信。"这时他又会接着问客户："您想买多少？"客户马上就与他成交了，经常是整个过程花费时间还不到 1 分钟。

赵亮销售成功的秘诀，就是因为他让客户真实参与到产品质量的检验过程当中了，这个过程也是消费者决定是否购买的心理判断过程。这种体验式销售不但可以增进消费者对产品的了解和好感，而且也会增强消费者对销售员所在公司的产品的信任度，缩短销售成交时间。从心理学上讲，一个人的情绪最容易被调动起来的时刻就是身临其境、亲身体验时。而消费者在体验产品时不自觉就会投入对产品的情感，这种情感无疑是促使体验者做出购买决定的动力。所以，销售人员想要把产品成功推销给消费者，最好的办法就是让消费者先体验、后购买。

　　王鹏是某玻璃清洗剂公司的销售新人，进公司不到一个月，其销售业绩就上升到公司前几名，这令同事们感到很意外和不解。原来，每次他向客户推销公司的产品时，都会随身带着一块玻璃和一瓶清洗剂试用品。简单地介绍完产品的功能后，他总是邀请客户亲自拿着布在脏玻璃上用清洗剂擦拭。看到效果的客户在感慨的同时，十有八九会购买他们公司的产品。

　　每一位消费者在购买时最关心的是产品的质量问题，害怕花了钱却买不到称心如意的产品。然而，产品的质量单纯靠理性说服是远远不够的，能够轻松赢得消费者信任的最好办法就是借助"先体验，后购买"的情感诉求。因此，为消费者提供一个体验的平台是非常重要的。销售人员要让消费者能够听到、看到、摸到、感受到自己的商品，这样才会加深他们的感觉，使他们消除疑虑，产生信任，从而做出购买的决定，达到销售的目的。

★　营销心理策略

　　体验即以通过实践自我改进的个人渴望，使别人对自己产生好感。它使消费者和一个较广泛的社会系统产生关联，从而建立对某种品牌的偏好。销售人员可以这样让客户亲自参与进来：

　　1. 真实体验。销售人员要让客户看到、摸到实实在在的商品，比如销售人员在推销汽车时，就要让客户亲自坐在驾驶室，开关一下车门，按一下喇叭，听听发动机的声音等，让客户亲身地、真实地感受到汽车的性能。如果无法把商品摆在客户的面前，就把它搬到客户的脑中，调动客户的一切感官，让他真实地、具体地感受到商品的美好，最终愉悦地购买。

2. 发挥想象力。无法让客户真实地去参与的，比如，推销"新马泰十日游"，这时候销售人员虽然无法让客户真实地看见摸到，但却可以调动客户的想象力，通过自己具体的、生动的、绘声绘色的描述，让美好的东西在客户的脑海中具体化，产生身临其境的效果，这样也能使客户参与进来，使客户"看"到你说的话。人的想象力是很丰富的，只要你能够用巧妙的方法去激发，就能够让人产生似乎亲身经历般的感觉。

3. 产品试用。给客户产品试用，是最好的销售体验形式。例如，法国兰金化妆品公司的一个销售策略就是让客户参与，他们一旦确定了客户的需求之后，销售员便会提供该产品的试用样品——无论是清洁乳液、口红还是香水，并开始为客户试用。客户共同试用的场面，如同一场产品销售说明会，不仅让客户体验了产品的性能，又起到了高效的宣传作用。

揭短心理：坦诚产品的不完美换取客户的真心

※ 心理学故事

　　一天，某房地产公司的销售员小赵带前一位客户去参观房屋。销售员小赵："您看，这就是您喜欢的那种户型。"客户："嗯，挺漂亮的。"销售员小赵："在我给您介绍之前，我想先告诉您这套房子的一个缺点。"客户："啊？什么缺点？"销售员小赵："我们这套房的附近有一个火车道，火车一天会经过三次，每次 90 秒，也就是每 24 小时中您有 4 分多钟会受到火车噪声的影响。"客户："嗯，那是不太好。"

　　销售员小赵："所以，凡是购买这套户型的客户，我们公司推出了一个大的优惠，您看到客厅墙上挂着的那个 42 英寸的液晶电视了吗？"客户："嗯，看到了。"销售员小赵："那是免费送给业主的。其实，现在生活中哪儿没有噪声呢？只是有的噪声我们听多了，习惯了而已。"客户："是啊！"销售员小赵："您想想，这个优惠力度还是蛮大的哦！"客户："嗯，有道理。小伙子，你很会做生意嘛，我就买这套房了。"

销售人员将此套房屋的缺点——每天有 4 分多钟的噪声提前坦诚地告知给客户之后，又用"免费赠送 42 英寸液晶电视"来突出了优势。客户有知情权，销售人员在介绍产品时要尽量客观、全面，不夸大其词，也不遮短。况且，同一个产品，在不同客户眼里的形象也是不同的，在这个客户眼里的优点在其他客户眼里可能就是缺点，反之也是一样。所以，销售人员没必要对自己产品的不足遮遮掩掩，做到坦诚相告，换来的或许就是客户的认可与订单。

无论在任何时候，坦诚和礼貌都是非常重要的。当你以诚恳的态度与客户打交道时，效果是截然不同的。你越是坦诚，客户也就越能敞开心扉；如果你把自己藏得很深，客户也不会与你靠得太近。作为一名产品销售人员，对自己所销售产品的优缺点要如实地告知客户，这样才能获得客户的信任，也更能达成交易。

"美女，这件大衣款式、颜色、选料都很好，就是有一个小瑕疵，大衣最上面的扣子松了。我这没有针线，您回去自己得缝一下。"

"大姐，在去看房之前，我得跟您说一下这个房屋的大概情况，这是 1995 年盖的房，相对陈旧一些，而且有一间卧室的朝向不太理想，不过装上空调也就不是问题了。除此之外，其他都能满足您的要求，您看，您还愿意去看看吗？"

上述两个示例都是销售人员自揭己短，先让客户了解其看中的产品存在的小瑕疵，让客户自行选择。这反而赢得了客户的信任，因为客户心里也知道，世界上没有十全十美的产品，有点小问题都是正常的。

正视缺陷、自曝其短更能显示销售人员的真诚，还能赢得客户的信任。另外，销售人员也可适时地给客户灌输"适合的就是最好的"购买观念，让客户务实一点，即使产品有小的瑕疵，但大体上还是能满足客户的要求的，以减小短处对客户的影响，提高成交的概率。

就像世上没有完美的人一样，世界上也没有十全十美的产品。销售人员与其绞尽脑汁地回避自己产品的缺点，在客户面前夸夸其谈，把黑的说成白的，把丑的说成美的，引起消费者的种种猜忌，还不如诚实一点，主动地以适当的方式把产品的某些缺点告诉消费者。尤其是那些显而易见的缺点，即使你不说出来，消费者也能看得出来，坦然地讲出来，反而能够赢得消费者的信任。

有一位优秀的推销员准备向某客户推销一块土地。这块土地由于靠近车站，交通十分便利，但因为附近工厂较多，每天的噪音不绝于耳。起初，他并没有向客户介绍这块土地是如何的好，而是很坦率地告诉顾客说："这块地的四周有几家工厂，若拿来盖住宅，居民可能会嫌吵，这使得这个地段的价格比一般的地段便宜。"但无论他把这块地说得如何不好，他还是带着客户到现场参观。当客户来到现场，发现那个地方并非如销售员所说的那样不理想，不禁说道："我原以为噪音有多大，这点噪音我感觉还是可以接受的。您把缺点讲清楚了，我反而更加放心。"结果，这笔交易很快便做成了。

当销售人员把自己产品中那些无足轻重、显而易见的短处当着客户的面"和盘托出"时，消费者反而会自动将注意力集中在产品的优点上。如果再加上销售人员有意识的引导，通常消费者接受产品的概率会更大。

销售人员在指出自己产品缺点的时机也有一些讲究。销售人员在与客户沟通时，通过巧妙的询问、认真的倾听，得知消费者的真实需求后，仔细地对比一下产品的优缺点与消费者需求的关系。如果你所销售产品的优点正好是消费者的需求，那么，你便可以先放心地将产品的缺点告知消费者以博取对方的信任。然后，再以客户需要的优点加以弥补，这样往往会得到"皆大欢喜"的结局。当然，如果你产品的优点不太符合消费者的需求，那你就要谨慎行事了。

当然，"自曝其短"的方式也并不是对所有的消费者都适用，它更适用于那些文化程度较高、判断能力较强的消费者；而对于那些文化层次相对较低、优柔寡断的消费者，或许"王婆卖瓜"的效果更为显著。

★ 营销心理策略

销售人员主动自曝其短，你的诚实可靠反而能够淡化产品瑕疵对客户的影响，而且还能避免成交后客户产生"被骗"的感觉。不过，揭己之短，销售人员还应讲求如下技巧：

1. 一眼就能看出来的短处要主动曝；细微的、不明显的短处也要曝。但"曝短"宜少不宜多，巧妙地说出一两点即可，说得太多只会费力不讨好，反而会吓走客户。

2. "曝短"时，销售人员可用"先抑后扬"的方式，即先说明产品缺陷，然后转入介绍产品优点。这一"抑"一"扬"之间，一方面展示了销售人员的诚实品格，另一方面又凸显了所销售产品的优点，一举两得。比如：虽然这款产品在 ×× 方面还有不足，但是它和同类产品相比还是有明显优势的。

3. 揭短后，销售人员应及时转移话题或将客户的注意力引入到其核心需求上；若客户确实在意产品的微瑕，销售人员还可根据具体情况，适当向客户做出特别承诺，如保修、包换、上门安装等，并保证做到。比如："您说的是，这个系统升级确实麻烦些，要不这样吧，每年由我们的技术人员上门帮您操作升级，您看如何？"

第*4*章

赢得客户成交的心理策略

要想让客户尽快下订单，达成交易，销售人员就要懂得制造紧张的销售气氛，让客户从心理上有种紧迫感，让他们有种再不下单就会失去的心理，或者再不购买就不好意思的心理，等等。当客户有了这种心理的时候，离交易成功也就不远了。

面子心理：就是要让客户觉得不买没面子

※　心理学故事

　　某位心理学家曾经做过这样一项被称作"导致顺从的互让过程"的研究。他首先将参与实验的数名大学生分为两组。

　　这位心理学家首先请求第一组大学生花费两个小时带领小学生去动物园玩一次，结果只有六分之一的学生答应这次请求。接着，心理学家又来到第二组面前，询问他们当中有谁愿意花两年的时间担任一个少年管教所的辅导员，当然在此期间不会给他们任何报酬，纯属义务劳动。大家都清楚这是一件费时费力的苦差事，结果几乎所有的大学生都拒绝了。心理学家又接着提出了一个小要求，请求第二组大学生带着中学生去养老院做两个小时的义工。结果，绝大多数学生都答应了他的这次请求。

　　通过这次实验，心理学家认为这是一个"留面子效应"。留面子效应的产生主要是因为人们在拒绝别人比较难的请求时会感到自己没有能够帮助对方，而损害了自己乐于助人、富有同情心的美好形象，并会因为感觉辜负了他人对自己的良好愿望而感到内疚。为了弥补在别人心目中自己的良好形象，也为了寻求自己的心理平衡，假若对方在此时再提出相对容易办到的小要求时，便会欣然答应。

现实生活中，每个人或多或少都会有一些爱面子的举动，就如林语堂先生曾经说过的那样："在中国，脸面比任何其他世俗的财产都宝贵。它比命运和恩惠还有力量，比宪法更受人尊敬。"在人际交往中，我们往往会花费许多时间、精力和财力在虚荣和面子上。据统计，中国已经是世界上第三大奢侈品消费国，而且大多数奢侈品的购买者主要不是奔着高档品的品质、功能去的，而是看重其身份象征和炫耀性功能，这说明中国人肯花钱在虚荣和面子上，由此形成了一个很大的"面子消费"市场。所以说，在销售过程中，只有销售人员能够抓住顾客好面子这一心理弱点，才会大大提高成交的概率。

淑倩是个时尚的白领，她经常光顾一家叫品优的服装店，于是，服装店的老板就给淑倩办了张白金会员卡。有一次，淑倩带着几个闺密去逛商场，正巧服装店老板给淑倩打来了电话，说自家的店里新到了一批新款服装，特别显档次，关键是还特别适合淑倩这种气质的白领，并邀请她有时间来看看。此时淑倩她们几个正好想买一些特别的服装，于是几个女人商量后，就直奔那家服装店了。到了店里，门店经理热情地寒暄，俨然把淑倩当成了熟客，这种热情让淑倩在闺密面前备感有面子，于是建议闺密也挑选几件自己喜欢的衣服。等到结账的时候，她从包里拿出了自己的那张白金会员卡，门店经理见卡后立即给她打了八折。这一打折让她和姐妹们省了不少钱，而且经理还亲自送给她们每人一件小礼品，希望她们经常光临。这让淑倩觉得自己在朋友面前超有面子，自然也就成了这家服装店的常客。

好面子的客户其实都有着同样的心理活动。比如，销售人员要是跟他们说："×总，像您这样的人到哪儿都是焦点人物，您不穿好点儿行吗？这个真的适合您的气质。"经这么一说，客户听了就会很高兴，必定会精心地装扮自己，维护社交场中的中心地位。

要面子其实是因为一种心理补偿机制，这类人内心中总觉得自己不如别人，生活中，做任何事情都怕丢面子，总是诚惶诚恐，唯有奢侈地秀出自己，才能够让自己觉得还是能够获得社会认同的。

作为一名销售人员，一定要告诉客户你的产品能给他挣得不少的面子。通常惯用的手段就是激起客户的攀比心理，因为只有攀比带来的面子感最强烈。在介绍某种产品时，一定不要以价格和质量诉求为中心，而是要以客户心里羡慕的对象为中心。比如一个30岁的女人，可能羡慕20岁的青春无瑕，这时候你如果告诉她，用了这个产品能让她胜过20岁的女孩，那么她就会动心。再比如，在拜访中，我们遇到客户正在和消费者聊天，这个时候我们应该把握机会，抓准时机，抬高客户，加深客户在消费者中的印象；同时也让客户对我们产生好感，使我们的工作十分顺利地进行。"你敬我一尺，我还你一丈"，如果我们保全了客户的面子，他们反过来也会非常尊重我们，为我们保全面子，相互支持，相互配合。

面子在如今的中国，它代表着一个人的体面、人格，甚至尊严。例如有人会把钱花在装潢上，有人会把钱花在打扮上，有人会把钱花在保养、减肥上等。虽然在不同的人身上可能有不同的表现，但不论是哪一种方式，只要效果不错，消费者都会觉得钱花得很值得！

★ 营销心理策略

消费者的面子心理对于销售人员来说却是极为有利的，大多数情况下，只要销售人员在面子上给予了客户满足，他们花多少钱也都乐意。从销售策略上来说，销售人员需要掌握以下方法：

1.适度赞美。大多数情况下，"面子"消费是为了解除自卑感。比如，虽然自身的经济条件并不是很宽裕，但是在选购商品的时候也还是倾向于选购比较高档的产品，并且在销售人员面前尽量表现得很富有。其实，每个人都有其特别自卑的地方。战胜自卑是人们消费的一个重要心理，因此销售人员在意识到这一点后就应当给足消费者面子，多说一些恭维话，既能让他的自尊心得到满足，也能让他风风光光地把东西买走。

2．不要争论。作为销售人员，你必须要清醒地认识到与消费者争辩，失败的永远是销售人员。因此，在面对消费者的责难或者不信任时，销售人员最好的办法就是顺从消费者的意思，用事实来证明给他们看。销售人员一定不要回避消费者的争辩，更不要试图与他们进行争辩，而是要想方设法引导他们去说，支持他们去说，鼓励他们去说，让他们公开发表自己不同的意见。只有这样，消费者才会感觉自己受到了重视，保住了面子，而销售人员也知道了他心底真正的想法，这对销售的成功是极为有利的。

攀比心理：把握好客户"你有我也要有"的心态

※ 心理学故事

　　家乐的男朋友刚给她买了一条今夏新流行的连衣裙，家乐穿着这件连衣裙兴高采烈地回到了宿舍，只见小蕊坐在床上正在看书。家乐得意地说："小蕊，看我新买的裙子好看不？"小蕊惊讶地说："哟，你穿着这条连衣裙真漂亮。"家乐又骄傲地说："还行吧，男朋友送的。"小蕊看着家乐穿上裙子的样子，心里满是羡慕，心想要是自己也有一条这样的裙子该多好啊，脑海中不禁联想自己穿着肯定比她漂亮很多。可是一想到自己贫寒的家庭，就放弃了要买的念头。

　　恰逢周末，小蕊在和同学一起逛街的时候，她一眼就看中了一套名牌的碎花裙装，比家乐的那条更胜一筹。盯着看了又看，虽然很喜欢，但是小蕊从来没敢去想自己也买一条。就在她准备转身离开的时候，店员走了过来说："姑娘真有眼光，这是今年的新款，很多像您这样气质的漂亮女生都拥有这样一套裙装，而且您身材又这么好，穿着肯定特别漂亮。"店员的这番话，正好说到了小蕊的心坎里了，心想："为什么别人都能拥有，我却不能？"再加上同学在边上一再赞叹这条裙子与小蕊的气质特别搭，小蕊想了又想，一咬牙便用节省出来的几百块钱把这套裙装买了下来。

本案例中的小蕊之所以会花几百元买下了这套裙装，不可否认的是攀比心理起到了决定性的作用，店员正是抓住了小蕊的这种心理成功地将其拿下。每个人的心里都会有攀比的一面，总是会情不自禁地和别人比东比西。攀比是消费者的一种赶时髦的偏好，即想拥有一种其他消费者已拥有而自己还未有的东西的一种心理。在销售时，若能准确拿捏好客户的攀比心理，就能很好地促进销量的增加。

攀比犹如一个怪圈，它具有永不停息的动力。人都是往高处走，人的一生当中都会不断地变换社交圈，每一个社交圈都会有不同的炫耀和攀比的工具，自行车、缝纫机、磁带式录音机都曾是用来炫耀的工具，今天的豪宅、游艇、豪车、私人飞机也是用来证明自己在某·个圈层中不甘落伍的信物。企业可以将这个信物思维当成一个策略，大到国家，小到个人都有攀比的心理。绝大多数人会把这种潜意识的攀比当成自己平常生活、工作中的一部分。销售人员若能运用好客户的这种心理，就能刺激其购买的欲望，从而达到自己的销售目的。

十年前是机械表的一个没落期，那是因为手机的出现，有了手机后的人们觉得没有必要再佩戴手表。所以在很长一段时间里，国内外倒闭了很多机械表厂家，这些厂家本来都具备很强的制造能力。但是最近几年间，手表市场又开始回暖了。这一次手表的回归与报时几乎没有什么关联，它反而摇身一变，变成了一种显示身份的工具。人们佩戴着不同的腕表，目的就是向自己周围的人显示自己是一个有范儿、有品位的人。其实这只是手表制造企业联合市场渠道设计的一个超级诡计。它们强调手表是一个成功男士的象征，于是市场上出现了"表哥"满天飞的现象，手表业又重新开始繁荣了。

这些手表商家强调产品能够帮人获得身份，并且当开始逐渐形成一种趋势时，客户就会觉得别人都有了，我也得有一块名表，要不然我就落后于别人了。所以在销售中，商家经过广告和门店销售人员的描述，让客户意识到，拥有这样一块手表已经成为很普遍的一件事，是男人必备的装备。只要让客户感到除了自己好像每个人都拥有了似的，就会成功促使顾客产生一种攀比心理，并拥有强烈的购买欲望。

事实上，手表的重新流行就是商家设的局，就是成功利用了人性爱攀比的弱点，让它变成一个炫耀身份的新工具。

也就是说，客户在面对某个产品时，如果被告知同类人都拥有，即使这件东西对他并不一定有用，他也会去购买，因为有没有用并不重要，重要的是如果没有，他就会觉得低人一等。这种不甘落伍的攀比心理，实际上就是消费主义一浪高过一浪的内在动力。作为一名销售人员，必须要有敏锐的嗅觉，充分利用好客户的这种一定要比别人强的心理，达到自己销售的目的。

★　营销心理策略

每个人都有攀比的心理，销售人员若能运用好客户的这种心理，就能刺激其购买的欲望，从而达到自己的销售目的。

1. 强调产品的普遍性。当某种产品或服务开始慢慢被大家普遍认同，并且开始逐渐形成一种趋势时，顾客就会觉得别人都有了，我也得拥有，要不然我就落后于别人了。所以在销售中，要尽量通过描述让顾客意识到，拥有这样一件产品已经成为很普遍的一件事。只要让他感到除了自己好像每个人都拥有了似的，就会成功地促使顾客产生一种攀比心理，并拥有强烈的购买欲望。

2. 多拿顾客的同类做比较。相对于一般不相关的人来说，与同类人做比较，更容易激发起消费者的攀比心。所以客户在面对某件产品时，如果被告知同类人都拥有，即使这件东西对自己毫无用处，他也会乐意购买。这就是攀比心理在作怪。

廉价心理：客户大都看中的是物美价廉

※ 心理学故事

有一次，于浩请大学同学吃饭，他们来到 A 餐厅，这里的服务员非常敬业，极尽所能地向他们推荐餐厅里最贵的菜。事实上，服务人员推荐的那些菜并没有什么独特之处，只是越贵的菜餐厅赚得越多。

有一天，于浩又请朋友一家吃饭，这一次，他们来到了 C 餐厅，这里的服务员也非常热情，给他们推荐了一些价格适中的菜品。当他们点到第六道菜之后，服务员礼貌地说："我们饭店的菜量大，您四位点六个菜足够吃了！"同时还送给他们一张饭店的优惠券。

通过以上两家餐厅的对比，于浩后来每次请客吃饭，都会选择在 C 餐厅，因为他在那里能够轻松消费，还获得了真正的实惠——物美价廉的美食。

生活当中，人们对省钱和赚钱的话题都十分感兴趣，一听到能省钱的方法、能赚钱的路子，都会立刻来了兴致。所以，销售人员可利用人们的这一心理，要么给客户省钱，要么让客户赚钱，像案例中的情形，为客户节省费用并赠予客户优惠券，让其产生消费、再次消费的需求。客户最关心的是自己的利益，真正的销售高手绝不会单纯地销售产品，他们会想方设法让客户感觉到物美价廉，这样就会赢得客户的信任，成为自己的忠实客户。

在商品推销中，价格是一个非常敏感的因素，合理的价格能够让顾客顺利地接受你所推销的产品。当然，在现阶段的市场经济条件下，将价格固定不变也是不可能做到的，因此应当在销售过程当中预留出适当的价位变化的空间，以便销售人员和客户有周旋的余地。

顾客：这件桑蚕丝衬衣现在卖多少钱啊？

销售员：小姐，您真有眼光，这可是今夏的新款，现在换季促销，600 元！

顾客：打完折还是不便宜啊！

销售员：这件衬衣刚上市的时候卖 1200 多元呢，现在打五折，已经非常划算；您再看看这质量、做工，让您没得挑！（接着拿出另外一款衬衣）您比较一下，看看有什么区别？

顾客：嗯……除了颜色，几乎一模一样，就是手感……

销售员：对，您还真内行，这两件衬衣的用料完全一样。只是，这一款做促销，只卖 600 元；这一款呢，现在还卖 1100 元。现在，您觉得买它还贵吗？

顾客：哟，是吗？那给我拿一件 170 码的试试！……

　　两相对比，让客户觉得还是 600 元的这件衬衣的性价比高，现在买划算，因而来了兴致。这种化解价格异议的方式，销售员迎合了客户追求物美价廉、性价比高的心理。

　　这里讲的满足客户的心理价位，并不是说要一味地降价，而是要做好定价。不少做销售的其实并没有意识到定价的重要性，做好定价不仅能取得高额利润，而且还能满足客户的心理价位，让客户高高兴兴地掏钱购买。

　　一般来说，价格的涨落会直接抑制或激发人们的购买欲望，两者呈反向关系。毕竟人们都想花少量的钱，购买尽可能多的产品。不过，在某些特殊因素的影响下，消费者也会对价格变动产生逆反心理，导致"买涨不买落"的逆反行为。即当产品价格降低时，有一部分消费者会受个人心理特点、主观条件和对产品价格的理解程度的影响，认为商品价格是由于商品本身品质下降，或是过时、滞销的积压品等因素而造成的降价；当商品提价时，消费者又会认为某些产品的品质高，或产品的价格还有上涨的可能性。这也是消费者心理的一种反映。

　　而对于销售人员来说，既能让消费者购买产品，同时又不在价格上自我牺牲，实在是一件求之不得的事情，这也是一种销售的技巧。作为一名优秀的销售人员，一定要善于观察分析客户的心理，从而做出不同的销售策略。让客户自己感觉到物美价廉，只有满足了客户的心理价位，才能更好地达成交易。

★ 营销心理策略

有多少客户，就有多少种想法。每一个客户的购买动机不同、经济实力不同，因而对价格的敏感程度也会有所不同。影响客户购买力的绝不仅仅是价格，因此，销售人员在价格问题上应该这样做：

1. 不管是价高还是价低，客户总会议价。销售人员别惧怕报价，大方、自信地报出价格，喜欢你产品的不会因为价高而马上离开；不喜欢你的产品，价格再低他也会走。

2. 交谈中多了解客户的购买动机。看其是习惯购买型、求实用型、求新求全型还是多种动机兼而有之，进而采取适当的价格异议化解策略。只要迎合了客户的某种心理，客户才不会觉得这个东西贵或便宜。

3. 不管什么产品，你在介绍时让客户感觉到物有所值或物超所值，价格就不再是问题。

4. 报价时要讲究技巧。在跟客户报价之前，你首先要对自己的产品及价位、主要目标市场及同行产品及报价情况比较了解。然后尽可能从多方面先了解客户情况，这样更有助于你的有的放矢。报价要讲究步步为营，千万不可以一步到位，否则没生意可做。要高要价、慢让价，让客户在讨价中慢慢尝到甜头，看到希望，但又要通过艰苦努力获得，让客人最后有一种赢了的感觉。当然所谓的"高要价"也不能太过离谱，否则不等你让步客户就都被吓跑了。

专业心理：讲一些术语让客户觉得你更专业

※ 心理学故事

客户：对于这款车型我私下里也了解了一二，但不是很全面，今天劳烦您给我详细地介绍一下。

销售员：看来您很钟爱这款汽车啊！余先生，不知道您具体是想了解它的哪一方面呢？

客户：越全面越好啊。

销售员：这款车高 1479mm，宽 1786mm，长 4199mm，车身重量 1370kg，排量 1.8L，最大功率 180 千瓦（245 马力）/5000-6500rpm，油耗每百公里 6.0L，最高时速 200km/h，百公里加速时间 9.5 秒……

客户：哦，你脑子真好使啊，能记住这么多数据！得有 20 多个吧？

销售员：呵呵，总共 19 个，都是和这款车有关的各项数据，哈哈。

客户：听你这么一讲，我对这款车更有兴趣了，它的配置是怎样的？……

案例中，汽车销售员通过熟记这 19 个数据，充分展现了自己的专业素养，充分将客户买车的兴趣激发了出来。所以有时候，适当地"卖弄"一下专业知识，对促成销售还是有帮助的。"因为专业，所以值得信赖"，这曾经是某品牌产品的广告语，在销售人员的身上同样适用。在产品推销时，若客户问起关于产品的专业知识，此时的销售人员如支支吾吾答不上来，客户肯定不会购买，尤其是在专业客户面前，如果你的产品知识不过硬，很难说服顾客购买产品。

现实生活中，每个消费者都希望销售人员能够提供产品的相关信息，以便于他们更全面地了解产品的特征与效用。倘若此时销售人员一问三不知，便很难在消费者心中建立信任感。例如，可口可乐公司就曾询问过几个较大的客户，请他们列出优秀销售人员最杰出的特质。他们得到的最多的回答是："具有完备的产品知识。"从某种意义上来说，消费者的忠诚度应该与销售人员的专业程度成正比。希望每一个销售人员都能够成为顶级的产品专家，因为你只有具备了专业的产品知识，才能准确地回答出消费者提出的有关产品的任何问题，才能信心十足地向消费者展示自己的产品，才能让消费者相信你的产品，从而放心购买你推销的产品。

总而言之，成为一名产品销售专家，才能赢得信任。销售人员需要充分了解自己的产品及服务，并且能娴熟地运用它们来吸引消费者的注意、满足消费者的需求，才能提高销售业绩。

在 1980 年，克丽斯汀·马丁蒂尔仅靠着 1.5 万美元的现金和一部电话机开办了属于自己的一家公司，向全美各家花店出售进口鲜花。当时鲜花的批发行业在美国的竞争异常激烈和残酷，每个客户都穿梭于供货公司之间，货比三家，为的是拿到最低的价格。但是克丽斯汀却决定采用另一种销售办法。在帮助那些花店老板建立起他们自己事业的同时，她也为自己的公司"迈阿密才智"建立起了一个忠实的客户群。

最初的时候，为了建立起这个客户群，克丽斯汀寻求到了 IM 国际公司的帮助。这是一家能够预测未来两年后设计师使用色彩趋势的预测公司。接下来她又只身前往意大利和哥伦比亚，去说服花农按 IM 公司所预测的"流行"色彩种植鲜花。两年后，当这些花卉运抵美国时，克丽斯汀又将它们重新包装，以确保每个花店收到处于最佳状态的鲜花。

正如她所料的那样，"设计师色彩"的鲜花大获成功。当理查德在 1985 年为她的销售员设计营销技巧课程时，克丽斯汀已经拥有了 300 多位客户，销售额达 700 万美元。当她的竞争对手开始打价格战时，克丽斯汀已经在市场上占据了一席之地。

每当人们要她谈谈自己的成功秘诀时，克丽斯汀总是会自豪地说："我意识到自己所处的是一个竞争激烈的行业。如果我能得到某个很小的有利条件使我具有优势，我就会有成功的机会，而 IM 国际公司所提供的信息恰好使我具有了这样的优势。"

由此可见，只有让自己的专业知识更加出色，事业才会具有更突出的优势。今天的知识创造着明天的财富，成为你所选定的任何学科领域的万事通，将会给你带来一个不一样的未来。通常情况下客户都喜欢专家式的销售人，尤其喜欢那种具有务实精神的人，因为这类销售人员能够跟他们分享知识。每当我们在接触客户的时候，专家式的销售人员往往能够站在客户的立场，提供很全面的咨询服务，销售的过程会变成一个理性建设性的过程，而不是单纯的买卖关系。客户想要的总是更多，专家除了能够给他们产品之外，还有更多好的建议。

专家服务容易使客户产生专业依赖性，这种专业上的依赖比单纯的感情联系更加具有建设性。企业本质上经营的就是知识，所以销售人员以一个知识工作者的身份出现在顾客的面前，这是顾客最愿意接受的事情。

因此，作为销售人员，如果你连自己要销售的产品都不熟悉，不但是对客户失礼，而且也会失去销售产品的资格。只有掌握了丰富的产品知识，才能深入地了解客户的购买动机，才能使产品推广方法、定价、产品卖点提炼等问题迎刃而解。

★ 营销心理策略

现如今，客户获取信息的渠道越来越多，有的人更是专注于某一领域的"达人"，这类人往往更专业、更稳妥，在某些方面甚至比销售人员还"精"，若销售人员班门弄斧，不但难以赢得他们的信任，反而会引起其反感。那么，销售人员该如何"卖弄"专业知识呢？

1. 适度表现才能赢得客户的认可与尊重。过犹不及，销售人员切不可在客户面前过度展示自己的专业知识，若给客户留下卖弄、张狂的印象就得不偿失了。

2.“卖弄”专业知识，要更多地表现在给客户更专业的购买建议、提供更专业的解决方案、说出客户不知道的专业情况、解决客户的疑虑等方面，而不是面面俱到、任意而为。

独特心理：独特卖点会让你的产品脱颖而出

※ 心理学故事

吕刚是一家房地产公司的销售人员，有一天，他带着一对年轻夫妇去看一幢老房子。当这对年轻夫妇走进这幢房子的院子时，吕刚注意到女人很高兴地对丈夫说："亲爱的，你看这院子里有棵海棠树！"

当这对夫妇走进这幢房子的客厅时，发现客厅的地板已经非常陈旧，吕刚注意到他们脸上顿时露出不悦的神情。这时吕刚立即在旁边对他们解释说："这间客厅的地板是有些陈旧，不过，你们没有发现吗？这幢房子的最大优点就是当你们透过窗户向外望去，就可以看到院子里的那棵海棠树。"

这对夫妇继续走进厨房，他们发现厨房里的设备也很陈旧。吕刚又接着说："厨房的设备的确有点儿陈旧，但是你们每次在厨房做菜时，向窗外望去，都可以看到那棵美丽的海棠树。"

到后来，他们又陆续发现了房子中的不少问题，但每次吕刚都会强调："没错，这幢房子是有不少问题，但这幢房子有一个特点是其他所有房子都没有的，那就是你们从任何一个房间的窗户向外看，都可以看到院子里那棵美丽的海棠树。"

最终，这对年轻夫妇还是买下了这幢带有海棠树的房子。

销售人员吕刚带领一对年轻夫妇看房时，注意到女人看到院子中的海棠树时显得格外高兴。吕刚及时捕捉到了这个有用信息，并迅速做出判断：这家女主人非常喜欢这棵海棠树。这是优秀的销售人员应该具备的能力。这个案例就是销售人员用独特的卖点打动客户的典型案例。作为销售人员的吕刚也展现出了卓越的推销能力，他可以根据客户的反应及时强调房子的独特卖点，把客户的思维始终控制在对独特卖点的关注上，最终这幢房子得以成交。

从销售人员的角度来看，没有卖不出去的产品，只有卖不出去产品的人，因为聪明的销售人员总是可以找到一个与众不同的卖点将产品卖出去。这个独特卖点可以与产品本身有关，也可以与产品无关。独特卖点与产品有关时，可以是产品的独特功效、质量、服务、价格、包装等；与产品无关时，这时销售的就是一种感觉、一种信任。

在市场竞争如此激烈、产品日益同质化的今天，如果销售人员还照搬传统的方式销售自己的产品，如简单地将产品摆出来、不厌其烦地一遍遍介绍，恐怕客户难以买账，反而还会使客户感到厌烦。那么，怎样的产品呈现才能吸引客户的目光、让产品受到青睐呢？

在某家具卖场内，在厨房用品区，陈列着的橱柜的柜门在不停地开、关着，而一旁的数码计数器则不断地刷新着这个橱柜从第一天摆进卖场至今的开合次数……

某电器商城内，人们正在围观一款吸尘器的产品展示：在一个注满水的水槽内，放着一个高达两米的透明水管，水管的另一端，有人拿着吸尘器对着，不时地把水槽内的水通过水管吸起 1.5～1.8 米高。很多顾客都被这种"强劲吸力"迷倒，当场掏钱购买。

像上述案例中这种与众不同的产品展示，即使销售人员在现场不进行卖力介绍，同样能让客户眼前一亮并产生购买欲望。可以说，不同寻常的产品展示就是无声的销售语言，它能让客户清清楚楚了解产品的与众不同之处、明明白白体验产品能给自己带来的好处。所以，在销售当中，销售人员要多动脑筋、多加思考，设计一个独特的产品展示方案，以增加销售成功的胜算。

在产品推销时，要想让你销售的产品瞬间抓住客户的眼球，销售人员不妨提炼自己产品的独特优势（卖点），引起客户强烈的情感共鸣，并激发其对产品的关注，进而产生主动购买的行为。

产品的独特卖点可以说是企业通过产品向客户传递的一个主张、一个忠告或者一种承诺，也是让客户购买的理由。比如，当所有的儿童牛奶都强调"补钙"时，你的产品提出"益智"；当所有的保暖内衣都在宣传"保暖效果"时，你的产品提出"美体塑形"……这种独树一帜的卖点不仅令人耳目一新，还能很快地抓住客户的心，提高销售成功的概率。

另外，独特的卖点还可以是一个不为人知的"产品秘密"、一个与众不同的"品牌理念"、一个历史久远的传承……都可作为产品看不见的特点呈现给客户。只要销售人员用心，能挖掘出产品多少内涵，就能创造多少价值，也能收获多少利益。

★　营销心理策略

销售人员怎样才能做到最独特、最吸睛的产品呈现方式呢？

1. 换位思考。销售人员不妨多站在客户的角度想一想：客户喜欢什么方式的产品展示呢？客户最关心产品的哪方面功能呢？我应展示产品的哪一面呢？什么样的产品呈现方式最能抓住客户的心……这些问题都弄清楚了，你所销售的产品才能走进客户的心里。

2. 销售人员可多观摩同事、同行甚至是其他行业的产品展示方式，借鉴其创意经验、吸睛设计，并在此基础上，结合自己产品的特点、客户的想法与心理，独辟蹊径，设计出独具特色的产品展示方式。

3. 产品演示时，销售人员应将那些紧扣客户需求的、主要的、区别于竞争产品的卖点展示出来，不要面面俱到，贪多必失；而且必要的时候邀请客户参与，让客户身临其境、亲自操作等，也会取得良好效果。

4. 创意展示配以生动的语言会让产品呈现更具魅力。因此，销售人员还须设计富于幽默、有节奏感、生动、精辟的展示语言，为创意展示增光添彩。

让步心理：适当让步让顾客无路可退

※ 心理学故事

小孙在下班回家的途中遇见了一个卖玫瑰花的小女孩，小女孩拦住了小孙并热情地说："大哥哥，买一束玫瑰花送给女朋友吧！一束十枝，只卖50元。"小孙微笑着摇摇头准备离开，小女孩又拦住他说："大哥哥，你长得这么英俊，肯定有许多女孩子喜欢。既然你不想买一束玫瑰花，那就买一枝吧，才5元钱。"小孙觉得眼前的这个小女孩挺有意思，便笑着对她说："我在这个城市里没有亲人，买一枝我也不知道送给谁啊，你还是卖给别人吧。"这时，小女孩依然不肯罢休，继续说道："大哥哥，既然你不想买玫瑰花，那就买几块大巧克力，1元钱一块，很实惠的哟。"小孙没有办法了，因为小女孩一再退让，如果自己再拒绝，这个小女孩心里就会觉得更加不安了。于是他果断地拿出两块钱买了两块巧克力。当他买过以后，他才想起自己根本不吃巧克力。

在上述这个案例中，小孙在小女孩的一再退让下，由原来的拒绝逐渐地变成了接受和顺从，为什么会发生这样的变化呢？这是因为卖花女孩的一再退让给小孙造成了一定的心理压力，直到小孙最终购买了两块自己并不喜欢吃的巧克力。在销售实践中，采取这种退让的形式，往往比那种直截了当的方法更能达到预期的效果。

在销售谈判中，让步或妥协是一种非常有效的销售技巧。对于销售人员而言，如果你想让客户答应你的某种请求，就可以先提个让客户有可能拒绝的请求，然后在遭到客户拒绝之后，再把你真正的请求提出来，这样就相当于你向客户做出了让步，而此时的客户也会对你做出相应的让步，因此，在互惠心理的作用下，你的请求往往会比较容易被客户所接受和应允。如果没有之前的退让，而直接交代出真实请求，则遭到客户拒绝的可能性就会非常大。

这种销售技巧在谈判中是最常用到的，当你没有东西馈赠给对方或者你的过分要求没有得到应允时，主动让步更容易实现销售的目的。因为，当你做出让步之后，也就似乎无声地告诉了对方：我已经不再坚持之前的要求，已经对你做出了让步，难道你就不能也做些让步吗？结果当然是对方也做出一定的让步，促成了交易。这样，在相互妥协之中，先主动做出退让的一方则会占据一定的优势，迫使对方退而求其次，答应自己的要求。

销售员：这款家用的净水设备用起来非常省时省力，您只需打开电源，就可以喝到净化过的水了。

客户：可我还是觉得卖得太贵。

销售员：呵呵，您要这么想啊，从今往后家里人每天都能喝到更纯净的水，而且这种水对我们的身体是非常有好处的。两相比较，家人的健康更重要，您说是不是这个理？

客户：那倒也是，您能再优惠些吗？

销售员：这样吧，我最多再给您优惠100元钱，这是我的最高优惠权限。另外，现在购买还赠送您一个小蒸锅，绝对是超值了。

客户：那好吧，您开单我这就去付钱。

大多数客户都有占便宜的心理，总想在一桩交易中获得最大利益。有时候，销售人员已经做出了让步，可客户仍不肯罢休，总想让价格一降再降，这个时候销售人员就可以抓住客户的这一心理，通过提供更优惠的交易条件来促成交易。上面案例中的销售员就是利用这一心理策略，打动了客户，完成了交易。

其实销售过程也是销售人员与客户的心理博弈过程，尤其是在讨价还价阶段。作为销售人员，千万要注意，别让你的让步引起客户更多的疑惑，进而影响销售工作的顺利进行。因此，让步也是有技巧的，首先你的让步要放慢脚步，不可以一下子让步过多，否则客户就会持怀疑态度，怀疑价格的真实性等。

一般来说，起点越高，这个过程越有效，因为你可以把握的空间比较大。但是在实际操作中，却并非如此，如果起点要求太极端、太过分，反而会起到相反的效果。因为这样一来的话，提出极端要求的一方往往会让对方觉得没有诚意，即使做出让步也是没有诚意的让步，这样就无法给对方造成压力，也不会达到迫使对方妥协的效果。因此，如果要使用这些策略，一定要根据具体情况拿捏好分寸，使其对客户的影响力达到最佳。

★ 营销心理策略

在客户的一再讨价还价下，销售员"艰难"地做出让步，给予客户更大的优惠，客户欣然接受，交易达成。不过，销售人员在利用此法促成交易时，还需要注意以下几点：

1. 拿捏好让利的"度"。让利过大，自己不能获得利润不说，还会让客户产生更多无端的猜疑，他们会觉得某种产品的价格水分太高，从而对你产生不信任感。

2. 有条件地让。让利时，不要过于爽快，要一步步有限度地让，要让客户觉得你很为难，你已经尽力了，这样才能达到尽快成交的目的；若让得太快，也会让客户产生怀疑。

3. 别将让利禁锢于价格。有限度地降价、送小礼物、免费维修、送货上门……都可作为让步的理由促成交易，销售人员不要总想着在价格上做文章。

紧缺心理：欲擒故纵吊足客户的胃口

※ 心理学故事

在一个晴朗的早晨，比尔来到南卡罗莱纳州的温斯柏罗一带推销高级厨具。他先敲开了一户人家的门，主人安德先生是一个牙科医生，开门的是他太太。听比尔说明来意后，安德太太高兴地让他进了屋，她自己去后院叫安德先生。不一会儿，安德先生和太太过来了，比尔边说边把厨具拿出来演示如何使用，安德太太看得尤其认真，看得出，她很喜欢这套厨具。但是，站在一旁的安德先生却始终一言不发，他的太太也只好作罢。

做完了简单介绍后，比尔索性收起厨具放进包里，然后做出起身打算要走的样子，他说："谢谢两位给我机会让我为你们展示这套厨具，我本想今天就把厨具留下来给你们试用，但是由于现在已经有人预订了，我必须马上赶过去。希望我们下次有机会合作，打扰两位了，我先走了。"

谁知经比尔这么一说，安德先生立即拦住就要走出门的比尔："等等，比尔先生那按您的意思，我们什么时候可以拿到这套厨具啊？"比尔知道自己这招奏效了，但他为了吊足他们的胃口，便说："非常抱歉，安德先生，因为近来市面上的这套高级厨具求过于供，工厂正在努力生产中，我也无法确定什么时候有新货供应。但是，您可以选择先交部分定金，如果公司一有货，我会第一个给您送上门来的，您看这样行吗？"听比尔这么一说，安德先生迫不及待地从口袋里掏出定金递给比尔。几天以后，比尔如约把厨具送到了他们家。

上面案例中的推销员比尔很聪明地使用了"逆向成交法"，并用巧妙的心理策略，吊足了安德先生的胃口。每当人们一听到是热销的产品就会从心理上觉得是好的。销售员就是抓住了顾客的这种心理，用不确定什么时候有货吊足了顾客的胃口，完成了销售的订单。

在购买产品时，我们常常会听到这样的话："这个产品只剩最后两个了，店里近期内不再进货，您今天不买可能就没有了！""今天是打折促销的最后一天，明天这件产品就恢复原价了！""这个款式，我们服装店就进了几件，每个码只有一件，您穿着又这么合适，不如现在就买下来，要不过了这个村就没这个店了，以后想买都买不到了！"……

假设消费者有购买意向却还在犹豫，听到销售员这样说，多半会马上下决心购买。事实上，大多数客户都有"怕买不到"的心理，人们总是对越是得不到、买不到的东西，就越想得到它、买到它。而上述话语，销售人员正是利用了人们的这种心理，欲擒故纵，先吊足顾客的胃口，从而达到最终的销售目的。

女顾客：这件粉色小西装，有我穿的号吗？

销售员：您真是好眼光，这是我们店里卖得最好的一款西装，我看您身材这么好，穿 XL 的就行。您稍等，我看看还有没有您穿的号。（查完后）不好意思，没有您穿的号了。

女顾客：啊，这么不巧啊！

销售员：这次进货，每一个号就只进一件。嗯，要不您试试这件样衣吧，也是今天新挂出来的。这款西装是"欧版"的，一般都比较大，或许您能穿！

女顾客：好吧，那就试试吧！（顾客穿好衣服站在镜子前）

销售员：嘿，您看这上身后的效果多好呀！素雅中透着时尚，和您呀，简直是绝配！

女顾客：是吗？有你说得那么好吗？

销售员：一点儿都不夸张，您自己在镜子中瞧瞧，真真是恰如其分啊！

女顾客：好像真的挺适合我的！

销售员：那我给您开票了啊？

女顾客：……那好吧，就拿这件吧。

案例中，销售员没有给顾客提出异议的机会，一开始就将顾客的注意力转移到了"能不能买到"上来，吊足了女顾客的胃口之后，让顾客试穿样衣，并成功达成交易。顾客都有"怕买不到"的心理，往往你越说"不"，顾客就越想买。所以，销售人员可利用人们的这一心理特点，来说服顾客尽快下定决心购买。

★ 营销心理策略

在销售过程中，使用"欲擒故纵"的方法非常有效，但销售人员在使用时，还是要注意以下策略，以免白白浪费感情。

1. 准确把握客户的购买意向。如果客户对你销售的产品兴趣不大，不管是不是最后的购买机会都对客户没什么影响，那么采用这种技巧是不会有效果的。所以，销售人员首先应准确把握客户心理，确定客户确实对你的产品有浓厚的兴趣且有购买意向时再使用此法。

2. 要让客户感觉到这的确是最后机会。不管你的产品是否绝无仅有，也不管是不是最后机会，只要客户相信就好。所以，销售人员要善于营造卖方市场氛围，让客户切实感觉到这是最后的购买机会。只有这样，才能促使客户尽快下单。当然销售人员不能故意蒙骗客户，一旦被客户识破，后果将不堪设想。

3. 不要用语言恐吓客户。销售人员用此法要注意语言技巧，尽量不要使用一些语言恐吓客户买，如"再不买就没了"等，其实你只要告诉客户购买产品的机会不多就行了。否则恐吓之语说多了，很容易让客户感到厌烦，从而产生抵触情绪。

趋利心理：用利益引导客户快速下单

※ 心理学故事

　　这是一则关于龟兔赛跑的故事。在第一次比赛中，乌龟赢得了比赛，兔子感到不服气，要求再赛一次。第二次赛跑兔子吸取了上次失败的教训，一口气跑到了终点，兔子赢了。乌龟又不服了，要求举行第三次比赛。为了公平起见，这次比赛的路线由乌龟设定。起初兔子遥遥领先，只是快到终点时，一条小河挡住了去路，兔子不会游泳啊，急得在岸边团团转。这时跑在后面的乌龟慢慢爬到河边，一游就游过去了，这次乌龟重新得了第一。它俩都在反思，这样竞争有什么意义，一起合作不是更好吗？于是在第四次比赛中，陆地上是兔子驮着乌龟跑，到了河边，乌龟驮着兔子游，结果它们同时到达了终点。

　　这则小姑娘告诉了我们一个深刻的道理：合作就能双赢。其实在销售中，销售员与顾客并不是处在一个绝对的对立面，如果销售员能学会主动让利给顾客，不仅会促成这笔交易，而且会增加顾客的满意度，积累回头客，也许会从中获得更多的收益。

一名好的销售人员，就要关注客户所渴望得到的利益。人们总是希望以最少的投入来获取最大的收益，销售行业也不例外。

日本著名的歌星小林幸子在做客一个访谈节目时，主持人问她："为什么在 NHK 电视台举办的红白歌星大战节目中，总是喜欢穿着一些出人意料的服装出场？"当时，她是这样回答的："让观众高兴，我自己也跟着快乐。那些衣服是经许多人的手，费时半年才做成的，所以花费不菲，但是这些钱我花得很值。"见主持人极为不解，她又接着说："我现在的为人处世，都是从妈妈从事的工作中得到的启示。我妈妈经营着一家酱菜铺，妈妈每天都笑哈哈地接待顾客。妈妈总是会说'给您让一点'，然后夹一些添上去。于是，来我家买酱菜的顾客总是高高兴兴地来，快快乐乐地回。受这种氛围熏陶久了，我也懂得了什么是让人快乐的真谛。我是一个歌手，唱歌是我分内的事，所以，那些演出的服装就可以说是以'让利'的心情来做的了。"

对于歌星小林幸子来说，观众就是她的客户。"得人之道，莫如利之。"她作为一个歌手，其实她推销的"产品"就是自己的歌声，但她还愿意附带性地让观众免费欣赏价格不菲的华丽服装，这对于观众来说就是"让利"，就是额外的惊喜，因为他们购买的演唱会门票不仅包括好听的歌曲，而且还有服装欣赏的项目。

在营销中，面对商家的各种让利，每个销售者都会从中获益匪浅。销售中的让利有降价、加量等各种形式，但出发点都是一样的，那就是薄利多销，既让顾客心情快乐，又达到了自己最终的销售目的，刺激顾客多多购买自己所推销的产品，从而获得一个双赢的局面。

华为总裁任正非有一个人生信条："深淘滩，低作堰。"其中的"低作堰"就是要节制自己的贪欲，自己留存的利润低一些，多让利一些给客户，以及善待上游的供应商。所以当销售者再遇到顾客讨价还价的情况时，不妨试着让一些利润给顾客。这样，对于那些举棋不定的顾客来说也许有一个刺激作用，从而购买你的产品，并且成为你永远的客户。

在销售中，客户购买产品最关注的永远都是自己所获得的利益。所以，销售人员不仅要让利给客户，还要将产品带给客户的利益说清楚。那么，如何说清楚产品能带给客户的利益呢？ 首先销售人员应在找到客户对产品感兴趣的各种特征的基础上，分析这些特征所产生的优点并结合这些优点总结能够带给客户的利益；然后提出证据，证实该产品确实能给客户带来这些利益。其最大的好处就是将产品的卖点落实在客户的需求上，重点阐述产品对客户到底存在着什么样的利益与价值，从而激发客户的购买欲。

一般来讲，好的销售都是使用诱饵来让客户购买更多的产品，这在商品促销过程中是最常用的策略。比如，商场里几乎每一天都在做活动，这种个别商品的特价其实在很大程度上能够带动所有商品的销售，商家的目的就是通过小的让利点，将客户吸引到自己的店铺里来，客户来了之后，就会产生新的需求，这种需求就能够让商家赚到更多的钱。

因此，利益引导法是一种很好的销售策略。人们在商场中因为商家的促销，可能买回来一大堆用不上的东西，这就是一种想得到小奖品而加量购买的行为。生意的本质就是互惠，得到与付出是相随而生的，所有的销售高手都明白这个道理。在产品的营销中，销售人员在多数情况下都需要考虑客户的利益，所以给予客户好处和利益的策略，会让你的营销变得很顺利、很有效。

★ 营销心理策略

作为一名销售人员，具体怎么样进行利益引导，这也跟销售人员的面谈技巧有关。

1.把给客户的利益秘密告诉他。没有人会在网络上和电话中讲私密的事情，最有价值的销售往往就藏匿在一对一的面谈之中。销售人员不需要去做违法之事，但是不懂秘密让利就不是一名好的销售员。

2.把让利的东西提前给客户看到。比如，买车送的汽车坐垫、手表等贵重礼品要提前给客户看到，这样更能激发客户的购买欲。

竞争心理：适当时候找个客户跟他抢

※ 心理学故事

在一个炎炎夏日，某百货商店经理的心里很着急：防寒衬衫大量积压，本季度的销售计划肯定无法完成。他正苦苦思索对策时，突然看到街对面的水果店前排着长队，人们在买苹果，不断有人叫喊："每人只能买一斤！"

于是这位经理计上心来。他立即拟写了一张通告，吩咐售货员说："未经我批准许可，不准多卖一件！"五分钟过后，一位顾客走进经理办公室："我有一大家子人……""很抱歉，我实在无能为力。"顾客正转身要走，经理说："好吧，卖给你三件。"并写了一张条子送给喜出望外的顾客。这位顾客一出门，一个男人闯进办公室就大声嚷道："你们根据什么限量出售衬衫？""根据实际情况，"经理毫无表情地回答，"我破例卖给您两件吧。"

就这样，有两个年轻人竟然在一个小时内几进几出，买了大批衬衫。

这时，经理的电话铃响了，经理有点应接不暇了。后来，百货商店门口竟然排起了长队，连赶来维持秩序的警察也都优先买了一件衬衫。到了下午，这位经理又想出一个窍门：出售衬衫搭手帕。顾客们虽然怨气冲天，但仍争相购买。傍晚，所有积压的衬衫被抢购一空，经理的脸上露出了不易察觉的笑容。

"你不给，他偏要！"这是人类普遍存在的一种逆反心理。例子中的经理正是运用了客户"怕买不到"的心理来吸引人们的注意并让人们抢购认为难以得到的东西。

得不到的永远是最好的，吃不到嘴里的永远是香的。在销售中，这个道理同样适用。人们常对越是得不到、买不到的东西，就越想得到它、买到它。这种欲望被禁止的程度越强烈，抗拒心理也就越大，购买的动力也就越大。所以，销售人员要善于利用客户的这种心理倾向，制造一个跟他竞争的买家，让客人乖乖地下单。

没有马蝇的叮咬，马只会懒洋洋地走，而有了马蝇的叮咬，马就会飞快地奔跑，这种现象被称作"马蝇效应"。用于销售之中，销售人员不妨给客户找个对手跟他抢。有了竞争，就会加快客户的决策速度。

销售员：林先生，您好，我是稚芝，您现在方便说话吗？

客户：方便，什么事？

销售员：林先生，上周日我带您看的那套房子，今天被另外一个销售员带的客户看中了，他要现在就买下来。但我知道，您对那套房子也非常满意，是您先看中的，所以我就向经理申请为您暂时保留，这不，赶紧给您打这个电话。

客户：那套房子的确不错，可是以我现在的积蓄，首付还差一点。

销售员：碰到心仪的房子也不容易，过了这个村就没这个店了，以后您还得再重新选。您要是真想买，可以先交一点定金，房子我给您先留下来，您抓紧时间把钱凑齐，咱们再签合同，您说呢？

客户：好的，那我今天下班就过去，你千万把房子给我留住啊！

一个竞争买家就是最好的"马蝇"，可以刺激客户奔跑起来。案例中，销售员给客户引进了一个"竞争对手"，成功地为对方制造了紧迫感，让其在压力下做出了购买决定。

在实际的销售活动中，如果客户对产品非常感兴趣，也有意向购买，只是难下决断，销售人员就可为客户虚拟一个竞购者（若确实存在竞购者更好），将自己的产品包装成"紧俏商品"，客户就容易在竞争的压力下购买。因为大多数人都想拥有"紧俏商品"，他会因担心自己看好的东西被别人买走而购买欲大增，于是，就会放弃犹豫，选择购买，销售人员也达到了说服购买的目的。

★ 营销心理策略

细心观察会发现，销售人员越是苦口婆心地把某商品推荐给客户，客户就越会拒绝。销售人员应该尝试着适当地利用客户"怕买不到"的心理来促成订单，说不定会有意想不到的惊喜。销售中若能掌控客户的心理，商品畅销也就是自然而然的事情了。

1. 限量购买。我们经常在大型卖场中看到这样的促销活动："每人限购一件，售完为止。"看似销售人员自己限制了销量，实则恰恰相反。营销专家的指点，这种"限量版"销售方式，吊起了很多顾客的胃口，他们都怕自己买不到而"吃亏"，所以争先恐后地为商家做贡献。你不卖给他，他偏偏要抢着买，这就是人类心理上的共同特点。

2. 最后一批。销售人员在销售中可以使用"物以稀为贵"这一招数，因为当客户的心理需要得不到满足的时候，反而会更加刺激他强烈的需要。比如说，当客户看好一件产品，本身也很喜欢，可就是迟迟不肯下单，这时销售人员可以利用其"怕买不到"的心理告诉他："由于各种原因，这一产品暂且不会出了，这是最后一批了，特别抢手。"这样的说辞往往能激起客户的购买欲。如果告诉顾客"我们这货太多了，您随便挑"，顾客就会感觉自己选择的余地很大，完全没有必要花大价钱买你的东西。

3. 很多客户抢购。我们常说："吃饭的人越多，饭越香。"其实香的不是饭，而是人多。销售中也是同样的道理，抢购的人越多，就会有越多的人想要抢购，生怕自己吃了亏一样。一个朋友曾给我讲过她的一次购物经历，说那天她在商场看上了一件衣服，只剩一件了，她虽然本身很喜欢，可是因为价钱太贵所以很犹豫要不要买。就在她准备放弃的时候，另一个客户试图从她手里接过那件衣服，就在那一刹那，朋友毅然决然地掏钱买下了那件衣服。其实促使朋友下定决定的也是"怕买不到"的心理。

第5章
化解客户顾虑的心理策略

消费者在购买的过程中，难免会有这样那样的担心，作为一名优秀的营销人员，就要学会通过巧妙的说话或产品比较等方式，及时化解顾客的疑虑，迎合他们的心理，让消费者从内心深处认可你的产品，消除顾虑，从而顺利完成订单。

迎合心理：适应客户才能应对各种拒绝

※ 心理学故事

周小辉是某家建筑公司的销售员，他平时的工作就是向各大工地推销各种建筑材料。有一次他为了向某工程老总推销钢材，几乎天天去工地找老总，可是老总总是找各种理由不见他。终于有一天，老总同意见他了，可是老总却冷冰冰地对他说："年轻人，我们已经从别的公司那里进货了，你以后就不用来了。"

周小辉说："无论你与我们公司合作或不合作，我都将会来，直到你采购我们公司的钢材为止，因为我知道你需要这种质量上乘的钢材。"

看着面前执着的小周，老总这次没有拒绝他，而是爽快地说："那好吧，你先给工地送一批 ×× 型号的钢材吧！你这没事就往我这跑，耽误我多少时间啊，看来我已经没有选择的余地了。"

实际上，小周已经打听到这家工地确实需要这种规格的好钢材。通过这一个月的拜访，工地的老总也就不好意思一而再再而三地拒绝了，接纳他也就是自然而然的事情。

作为一名销售人员，千万不要害怕遭到客户的拒绝，因为销售产品和服务本身就是一种匹配关系。被拒绝的原因有很多，比如说你推销的产品很好，但是客户由于暂时资金紧张，一下子拿不出钱来购买你的产品。这个时候，客户一般不会跟你说自己的现金流出现困难，但我们此时如果因被拒绝而沮丧，那就太不应该了。其实，无法预知的原因太多了，我们不知道到底是什么原因被拒绝的。做销售，就要从勇于面对拒绝开始。

被别人拒绝的确是一件很令人沮丧的事情，有时候，当我们的销售人员还没有开口讲话就被他人拒之于千里之外；也或许在为我们的销售任务投入大量的时间和精力之后，本以为成功在即，却最终遭到抛弃。

这种"被拒绝"的因素有很多，也许是因为客户真的没有这方面的需求，也许是因为客户暂时缺乏资金，也许是客户没有时间，也许是因为我们销售人员自身的专业素质不够。最重要的是，我们要善于从"被拒绝"中吸取教训，而不要让自己陷入低潮，影响到后续的工作。

慧慧是某保险公司的一名销售人员。在岗前培训的时候，没有任何销售经验的慧慧还信心满满，准备大干一场。然而，开始工作的第一天就让她尝到了被拒绝的"苦头"。

每当她见到顾客时，总是会笑脸相迎，她认为这样一来就能给顾客留下好的印象，也就能为自己争取到更多的时间来介绍产品。可是事实却并非如此，每次自己的笑脸十有八九都会被冷脸相对。这种感觉让她在一段时间里觉得特别难受。

那段时间里，慧慧不但在工作上没有任何成绩，就连自己的生活也受到了严重的影响。她渐渐地对自己的能力产生怀疑，怕见人，更不喜欢说话，整天表现得唯唯诺诺。就这样过了一段时间后，慧慧周围的朋友劝她放弃这份工作，于是她便去向经理辞职。哪知经理不但没有答应她的辞职请求，反而还细心地开导她："很多时候别人并不是在拒绝你，而是在拒绝你所推销的产品或服务。每个销售人员都将会经历无数次的拒绝，才能够使自己成长，所以你完全不必怀疑自己的能力。越是拒绝你越是要充满自信，要学着让自己的心变得更强大，要学会应对和适应被拒绝！"

在经理的鼓励下，慧慧想再给自己一次机会。回去之后她阅读了许多关于销售的图书，也读了许多销售大师的成功故事，发现世界上那些成功的销售员曾经都有过被拒绝。甚至被歧视的经历。不同的是，他们在遇到被拒绝时能够及时调整心态，并努力让自己适应这种被拒绝的工作环境，并一步步坚持下去，最终取得了成功。

后来，每当再次面对"被拒绝"的时候，慧慧就积极调整好心态，她不断地告诉自己："适应被拒绝，但决不能放弃。"每次被拒绝后，她不再是考虑自己自尊心受到了怎样的伤害，而是反省到底是什么原因让自己被拒绝。如果是客观原因，内心便会释然；如果是主观原因，就努力弥补自己的不足之处。

经过一段时间的努力坚持，慧慧竟然取得了新手销售量前三的好成绩，这样的成绩让慧慧更加有信心做好今后的保险销售工作。

对销售人员来说，被拒绝是做任何销售工作时都会遇见的头痛事！

它本身并不可怕，重要的是你怎么去面对。这次被拒绝了，下次换另一种方式再去访问。你要坚信，客户可以拒绝你的产品，但无法拒绝你的热情。作为一名销售员，首先要拥有一种百折不挠的奋斗精神。成功不仅仅取决于你的能力，还取决于你的心理素质。因此，拥有强大的心理素质是销售人员走向成功的必要条件。

现实生活中，销售的最大障碍其实并不是价格、竞争，也不是客户的拒绝，而是销售人员自身的那种胆怯、怕被拒绝的心理。而这种害怕被拒绝是销售人员常见的心理障碍，比如他们外出拜访客户时，不知道如何与客户沟通；不愿给客户打电话，担心会遭到客户的拒绝等。其实，销售的成功在于缩短和客户的距离，通过建立良好的关系，消除客户的疑虑。如果不能与客户主动沟通，势必会丧失成功销售的机会。销售的核心工作其实就是一个与客户互动的过程，在这个过程中你必须时时刻刻要充满自信、摒弃胆怯心理，做到"不怕被拒绝"。只有这样，你才能成为一名合格优秀的销售员。

★ 营销心理策略

客户的拒绝，或许是真实情况，或许是自己推托的借口，也可能只是出于习惯随口说出。可不管是什么情况，销售人员都不能当即放弃，而应该想办法获得跟客户继续交流的机会，想办法动摇其拒绝的意愿，同时乘机跟进，诱使客户接受自己的建议。

1. 运用"同理心"应对。当遭到客户的拒绝时,销售人员要多使用诸如"我理解""我也这样认为""我知道您说的是实话"等,表达认同,使双方站在同一立场上,让客户的心向你靠近一些,他也就不会马上拒绝了。

2. 确认占用客户时间的长度。客户:"我现在没空!"销售员:"我知道,像您这样的成功人士都是这么忙。打扰您,我也很过意不去,我只需要 3 分钟,给您提供一个赚钱的机会,保证您听了会感兴趣!"销售员直接告诉客户只占用其 3 分钟的时间,这样的小要求,客户自然容易接受,而且也避免了引起客户的反感。

3. 说明带给客户的利益。"以利诱人"也是应对客户拒绝的好办法,销售人员应让客户感觉你是来帮助他解决问题、能为其带来利益,而不是来赚钱的。

多疑心理：消除疑虑才能解决成交的障碍

※ 心理学故事

一位顾客来到某品牌护肤品专柜前，浏览过商品后准备离开，这时销售员小邓赶紧迎了上去。

小邓：您好，女士，需要我帮您介绍一下吗？

顾客：哦，我以前用过这个牌子的护肤品，感觉不是很好。

小邓：请问您当时用的是我们哪个系列的产品呢？

顾客：只用过一瓶保湿日霜。

小邓：我能理解，我们选择护肤品最关心的肯定是效果问题。一般来讲，护肤品最好成套使用，只用其中的某一瓶，效果自然不会很明显。况且，平日里我们只对皮肤补水保湿还不够，还要做好清洁以及必要的防晒、护理等。

顾客：原来护肤还需要这么讲究啊！

小邓：让我看一看您的皮肤，哦，属于混合型的，建议您使用这一套……怎么样，您先买一套试试吧！

顾客：好，先买一套吧！

本案例中，护肤品销售员小邓有理有据的阐述，让客户"效果不好"的关键疑虑烟消云散，听到销售人员的成交请求，客户自然而然地也就会选择购买。解决客户的关键性疑问，是一个非常有效的劝服客户购买的方式。销售员将客户的疑虑视作成交信号，认真对待并完美解决，然后就可以直接请求客户成交了。

在销售过程中，客户产生疑虑是常见的一种现象，当客户对销售人员的询问表示要考虑时，销售人员下一步要做的工作就是要用真诚来消除客户的疑虑。只有当客户对你销售的产品或服务表示完全相信、没有任何疑虑时，才算是一个好的沟通，才能达到成交的目的。

销售人员：您好！韩经理，我是ⅹⅹ，今天打电话给您，主要是想听听您就上次咱们谈的关于采购电脑的事情对我们还有什么建议。

客户：哦，你们送过来的样机我看过了，配置不错，产品质量也还好，不过我们还需要考虑考虑，主要是你们的价格太高了。你们的产品与ⅹⅹ公司的差不多，价格却比对方高出了不少呢！

销售人员：我理解，价格当然很重要。韩经理，除了价格以外，买电脑，您还关心什么？

客户：那就是售后服务了。

销售人员：我理解，也就是说服务是您目前最关心的一个问题。就我们的服务而言……您看我们公司的服务怎么样？

客户：目前看来，服务还是很到位的，但你们的技术支持工程师每天什么时候下班？（客户最关心的问题）

销售人员：我们的技术是一天24小时在岗，随叫随到。韩经理，既然您认可了产品的质量，对服务也满意，您看我们的合作是不是就没有什么问题了呢？

客户：那好吧，明天我让采购部经理直接跟你联系。

在这个案例中，销售人员成功地消除了客户的疑虑，最终取得了成功。作为销售人员，要及时打消客户的疑虑；同时，一定要保持真诚，千万不可以夸大事实，更不可欺瞒客户。

客户的疑虑、异议可以说是销售成功必须经历的一道关卡。听到客户的异议时，销售人员千万不要害怕，因为这或许就是客户发出的成交信号。只要你耐心为客户答疑解惑，客户的全部疑虑消除的时刻，就是你成功说服客户的时刻，更是提出成交请求的时刻。

★ 营销心理策略

要解决客户的疑虑，排除销售中一切不利因素，快速实现销售目的，销售人员还应注意以下策略：

1.要避重就轻。根据与客户交流的情况，设计好"如何围绕主题设计成交""该避哪些"等，不可没目的地东拉西扯。即使是"就轻"，这个"轻"也是客户关心的、有关交易的要素，只不过是些细节问题而已。

2.注意在交易过程中对客户施加影响和积极引导。如向客户灌输"缺点难免会有，但只要无伤大雅，不影响全局就可以"的观念。

3．注意先解决小问题。 沟通气氛紧张时，销售人员可将话题转移到小一点的问题上，这些小问题解决了，说不定大问题也就迎刃而解了。

4．站在客户的立场上理性分析。销售人员对损失的分析要理性、客观、有依据，要站在客户的立场上说话，要让其知道损失是确实存在的、是其非常不愿看到的，从而有效说服客户。比如适当夸大不购买就会失去享受产品使用价值的机会，损失更大；强调购买产品可能获得的潜在利益，不购买有可能面临种种风险等。

名人心理：名人都在用的产品你还担心什么

※ 心理学故事

　　某出版商有一批滞销书久久不能脱手，经过苦思冥想后，他终于想出了一个主意：有一天，他给总统送去一本书，并三番五次去征求意见。忙于政务的总统不愿与他多纠缠，便敷衍了他一句："这本书不错。"这名聪明的出版商便借总统之名大做广告："现有总统喜爱的书出售。"于是，滞销的书被一抢而空。

　　又过了一段时间，这名出版商库里又积压了不少货，他又送了一本给总统。总统上过一回当，想奚落他，就愤愤地说："这书糟透了。"出版商喜出望外地回去又做了广告："现有总统讨厌的书出售。"不少人出于好奇争相抢购，书又售尽。

　　等到第三次，出版商将书送给总统，总统吸取了前两次的教训，这次他一言不发。这名出版商回来后又大做广告："现有令总统难以下结论的书，欲购从速。"这些书居然又被读者一抢而空，出版商却因善借

总统之名而大发其财。

尽管此案例只是个笑话，但却也说明了一个社会现象：滞销的商品通过销售人员的精心策划，如果能够借助名人效应，还是可以由滞转销的。其实，这主要是人们心理上的一种"名人效应"。也就是说，当一个人在别人心目中有较好的形象时，他就会被一种美好积极的东西所笼罩，从而被赋予其他良好的品质。由于销售人员所选取的名人一般具有积极的形象，所以人们会把对名人的积极印象扩大到产品当中去，进而对产品也会持有积极的印象。

我国女子缠足的风气始自南唐，一直延续到民国时期。究其原因就是李后主宠妃的名人效应——这个妃子脚小可人。"上有好之，下必甚焉"，于是女子竞相仿效。这可以算得上是流传最久、涉及面最广的名人效应了。名人带动营销法又叫作中心人物带动法，这是一种利用"名人效应"开发潜在客户的方法。营销人员开发名人客户时需要付出较高的代价，但是得到的回报也是非常喜人的。营销员完全可以利用这一方法来营销。

有时候，我们经常在网上的服装店里看到这样的描述：某明星同款羽绒服，某明星最爱的围巾。也许这些服装店主就是卖一个与明星同样的款式，但是，就是因为有了这样的名人效应，很多服装成了爆款。大多数人的心里都会有这样的认识：名人穿的用的都是好的，因此，罩在名人的光环之下的商品，也一定是好的。名人会让消费者产生非常大的信赖感，促使他们立刻采取行动。

不过，当我们借名人的光环作为销售手段的时候，也要避免出现弄巧成拙的局面。在利用名人效应的问题上，为增强效果还应注意以下两个方面：一是名人身份要与广告内容相适应。很多商铺在利用名人做广告时，常把一些名人的照片、签名贴在商铺墙壁上，以为只要是名人的就可以了。其实不然，在选择名人的时候最好选择和自己的商品有关联的，比如说要想提高运动鞋的品牌知名度，那么最好选择运动员明星，而不是选择其他的明星。二是选借的名人要有良好的公众形象。借名人的光环，难就难在找准"借"的对象，找对了，可以轻而易举地扩大产品的销量，可以让滞销的商品重新焕发生机；万一找错了，借来了消费者深恶痛绝的，说不定不但没有"还魂"的机会，还会给自己留下个"坑蒙拐骗"的骂名。

名人效应进行营销有很多优势：首先，企业可以因此节省大量的时间和人力。在市场经济日益完善的今天，各个行业的竞争都十分激烈，不论公司还是营销人员都在挖空心思抢占市场，甚至有些公司抢到头破血流。通过名人效应营销，那些名人的追随者就会自动成为你的忠实客户，这样一来，就能够节省企业很多的时间和人力。其次，名人也会提高产品的知名度。当公司以昂贵的代价发展名人成为自己的客户时，名人也将给公司以巨大的回报。这种回报有有形的，也有无形的。有形的是吸引到了更多的客户，无形的是公司知名度的提高。知名度高了，客户自然也就蜂拥而至了，当然销售也就不难做了。

★ 营销心理策略

如何利用名人效应，从方法上来说，可灵活多变，采用下面的方式能够赢得更多顾客的光临。

1. 在店里请名人与顾客见面，并对所购产品签名留念，一般效果都会非常好。

2. 在商场中请名人献艺，自然能吸引大量顾客，生意也自然兴旺。

3. 在商品及包装上请名人写字作画，如 20 世纪 60 年代我国生产的一种搪瓷脸盆上曾印有齐白石画的虾，虾在盛有清水的脸盆水波中看上去像是在缓缓游动，这种洗脸盆因此特别畅销。

4. 有关领导到商场了解、蹲点、站柜台时，可吸引大批顾客进店。

5. 还可以请名人在商品上签字，如布娃娃在美国原售每个 20 美元，但有"椰莱娃娃"原设计者亲笔签名的布娃娃售价曾高达 3000 美元，这种椰莱娃娃在美国曾一时供不应求。

比较心理：在对比中让客户消除顾虑

※　心理学故事

李阳是某房产中介的一名销售业务员，一次，他带一位客户来看房。在李阳的介绍下，客户对其中一套房子的各个方面都比较满意，但当李阳给房子报价120万元的时候，客户皱起了眉头。

"我昨天在另一家中介看的房子和这套房子差不多，他们报价100万元，为什么你们的房子报价这么高呢？"

"那怎么可能？这么说，你能给多少钱呢？"

"就110万元吧，让你们也不吃亏。"

"行，110万就110万元，但可不是这套房子，而是对面的那种户型。"于是李阳把客户带到了他所说的房子里。这套房子和刚才的那套房子比起来，简直一个在天上，一个在地上，无论是宽敞程度还是采光程度，都比不上刚才的那套。

"这套房子现在报价110万元了，很适合你的心理价位。"看着客户满脸的疑惑，李阳说道。

"这套房子和刚才的相比，相差太远了。刚才的那套房子你到底还能少多少呢？"

这时候，李阳知道有戏了。最后房子以 115 万元的价格卖给了那位客户。

作为销售人员，在和客户进行同类商品的对比后，一定要坚持"一分钱，一分货""物有所值"的销售理念，这样一来，就会帮助销售人员更顺利地获得较高较理想的销售价位。李阳之所以能跟客户签单成功，与他的推销能力有直接的关系，他充分利用对比的方法把握住了客户的心理，所以，成功也就是顺理成章的事了。

一般来讲，销售对比分为横向对比、纵向对比、同类产品对比、不同类产品对比等几种方法。但无论哪种方法都是在传递同一个信息，那就是产品的优势。通过对比产品的性能、价格、服务等方面，来强调产品的优势和特点，让消费者找到最满意、最适合自己的产品，从而激发消费者的购买欲。

客户：说实话，你们提供的这款机器操作起来还是很方便的。

销售员：很高兴您对我们的产品做出这么高的评价，看来我们设计师的心思没有白费。的确，他们在设计时充分考虑了操作者的操作习惯，通过一些内部细节处理，使这款机器更具人性化。

客户：没错，的确如此。

销售员：记得您之前说这台机器动力小，但考虑到贵公司的生产情况，现在的动力足够生产用了。另外，我们的设计师采用了××技术使它的耗电量降到最低，这样一来不但能够为贵公司节约成本，也符合目前低碳环保的理念。张总，您觉得呢？

客户：不错，不错。（看到客户点头后）

销售员：这款设备从整体上来说，尽管价格有些高，但在同类型机器中，性价比已经是最高的了。张总，您看，这是我们机器的性能跟其他品牌的对比表。

听了销售员对这款机器设备的利弊对比分析，张总略作思考，便决定购买这台设备。

案例中，通过销售人员的对比分析，客户对产品的性能更加肯定，而且明确判断出购买"利大于弊"，因此当即做出购买决定，这就是"对比"的魅力所在。在营销谈判中，当见到客户犹豫不决时，销售人员一定要通过对比，凸显自己产品的优势，强化客户的购买信心，进而达成交易。除此之外，销售人员还可通过"利弊对比"，即向客户展示购买此产品带来的好处和由于不购买可能会承受的损失，或者针对产品将客户认可的部分和不认可的部分进行对比，让客户做出理智的选择。

正如没有黑夜，就没有白天；没有小，就没有大；没有丑，就没有美……世界上任何事物都是在和其他事物的对比中存在的。形成了对比感，就有利于被感知事物的差异或共同点从背景中分离出来，从而使被感知者有效感知。商品也是如此。如果把一种商品与另外一种商品同时展示出来，进行相互比较，会使它们各自的特点更加突出。

人们在购买商品时总会"货比三家"，究其原因，主要是想通过对比买到自己最满意、最适合自己的商品，同时避免不必要的浪费。那么，在说服客户阶段，销售人员就可以针对客户的这种行为和心理，主动运用对比，让客户在产品的对比中购买你的产品。

★　营销心理策略

作为一名销售人员，再跟客户进行商品或服务对比时，切记要注意以下策略和方法：

1. 价值对比。我们常说："不怕不识货，就怕货比货。"很多时候，销售人员想要凸显自己产品的价值，往往会拿竞争对手的产品来做对比，利用对方的缺点，来凸显自身优点，也使消费者的感受更加深刻。价值对比的方法能突出产品的特点和优势，对于客户有很大的说服作用。

2. 价格对比。很多人都有"便宜无好货，好货不便宜"的观念，因此明明是物美价廉的优质商品，由于你的价钱低得太离谱，买家就可能怀疑你的商品存在质量问题。所以一味的低价并不是什么高明的营销之道，尤其是对房子、汽车等一些价值含量高的商品来说。这时，你就可以运用价格对比的方法，引导性、暗示性地用所谈产品的价格与同类产品的价格做对比，从而让消费者明显感觉物有所值。

3. 言辞表达要温和。尽管你强烈地不认同对方的价格，但在表达方式上却必须要让消费者感觉到，你所不赞成的只是他的价格，而不是在否定他的人。如果在表达方式上有所不当，甚至伤了对方自尊心的话，不但做不成买卖，还无形中得罪了人，这是运用此法的大忌。

4. 有目的去做对比。销售人员在"比"，尤其是类比时，不可天南海北乱扯一通，应做到与所说产品、事物、观点等相联系，收放自如。否则，不但无法说服客户，而且容易让客户疑窦丛生。

受骗心理：签约之后不要马上离开

※ 心理学故事

周末，张鹏去一家电器卖场买手机，他看中了一款手机。于是，他要求售货员可否拿真机来看一下，结果售货员说这边卖场没有真机，如果交了钱十分钟就能从别的店里调来。张鹏也没想那么多就把1000块钱交给了那个售货员。

但是，那名卖场的售货员并没有立即给张鹏去拿真机，而开始忽悠说："你看看这款吧，性价比也是很高的，而且参数也高，只是要添100块钱。你要的那款下软件要花钱，系统重装要也花钱，贴膜也要花钱，算下来就不止100了。"张鹏想想也有道理，就添了100块钱，也没仔细看，就拿着机子走了。

到家以后，他越想越不对劲，就上网查了一下这种型号机子的参数，发现根本就不像那个售货员所说的，况且网上只售600块钱。于是第二天他就去找那个售货员让他退货。结果售货员根本不承认自己说过这款机型参数有那么高，还说是张鹏自己听错了，所以坚决不予退货。张鹏很生气，感觉自己被骗了，可是人家不给退也没有办法，只是心想：以后打死也不去他们家买东西了。

"一朝被蛇咬，十年怕井绳。"客户往往因为曾经遭遇过欺骗，或买来的东西不能满足期望，就会产生顾虑心理，对销售人员心存警惕。顾虑是心与心之间的一条鸿沟，只有填平它，销售人员才能到达成功交易的彼岸。作为一名销售员，千万不要试图用欺骗的手段去拉拢顾客，这种靠欺骗推销的业务员，只是看到了短期的利益，很难做出一番大的事业。

在销售的过程中，客户对销售人员大多存在有一种不信任的心理，他们认为从销售人员那里所获得的有关商品的信息往往在很大程度上包含着一些虚假的成分，甚至还会存在有一些欺诈的行为。于是，就会出现有很多客户在与销售人员交谈的过程当中，认为销售人员的话可信度不高，往往不太在意，甚至抱着逆反的心理与销售人员进行争辩的情况。

因此，在销售的过程中如何迅速有效地消除顾客的顾虑，对销售人员来说是一个很大的难题。因为明白人都知道，如果不能够从根本上消除客户的顾虑，交易就很难成功。

客户之所以会产生顾虑，很可能是因为在他们以往的生活经历中，曾经遭遇过欺骗，或者买来的商品不能满足他们的期望，也可能是从新闻媒体上看到过一些有关客户利益受到损害的案例。所以，他们往往对销售人员心存警惕，尤其是一些主动推销的销售人员，在他们的心里更是不受欢迎的人。

曾经有一位金牌销售人员说过：作为销售人员，你不是要打动客户的思想，而是要打动客户的心。因为心是离客户钱包最近的地方，是客户的感情所在，所以说销售人员要懂得通过打动客户的感情，从而让客户产生购买的想法。

的确，如今社会上的骗子越来越多，骗术也越来越高，许多人深受其害，而骗子的行骗方式可能会效仿销售人员的推销方式。所以，当消费者再看到销售人员时就很容易让他们想起被骗的痛苦经历，所以他们认为销售人员几乎都是骗子，于是在潜意识中就会排斥销售人员。

每当消费者在面对销售人员时，他们表现得很谨慎，浑身上下都充满警惕，就怕掉进销售人员的"陷阱"。对待这种客户，销售人员不要急于求成，你说得越多，这类客户反而越怀疑，曾经被骗的经历会让他们对眼前的你产生不信任的感觉。你一定要找出他无法接受你推销的产品的真正原因，想办法消除他的心理障碍，让自己成为他的朋友，这样客户才会和你合作。

通常，客户怕被骗的心理会让你们的沟通产生障碍，但同时也会给你带来机会。这种客户通常是想买产品，但是他们总希望你能把价格降了再降，所以会找同类商品如何优惠的说辞来刺激你。你在与客户交谈时要让客户明白，任何一种商品都不可能在各方面占优势，你要重点告诉客户他买你的产品能获得什么好处，以此来满足客户的需求和减轻他担心买贵的顾虑。如果有什么优惠活动，也要提前通知客户，把利益的重点放到客户身上，让客户觉得自己获利而不是被骗了。还有一部分客户是担心商品的质量或功能，对商品没有足够的信心。

此外，你不妨直接对客户说出产品的缺点，这比客户自己提出来要好得多。首先，客户会对你产生信任感，觉得你没有隐瞒产品的缺点，是个诚实的人，这样他就愿意与你进一步交流。其次，客户会觉得你很了解他，把他想问而未问的话回答了，他的疑虑就会减少。最后，销售人员主动说出产品的缺点，可以避免和客户发生争论，而且能使你和客户的关系由消极的防御式变成积极的进攻式，从而促成交易。

销售人员在销售的过程当中，要尽可能地消除客户内心的顾虑情绪，要让他们觉得自己从你那里购买的商品物有所值。首先需要做的就是向客户保证，他们决定购买的动机是非常明智的，而且钱也会花得很值；要让他们感觉到购买你的商品是他们在价值、利益等方面做出的最好选择。

在销售过程当中，顾客心存顾虑是一个共性问题，如不能正确解决，将会给后面的销售工作带来很大的阻力。所以销售人员一定要努力打破这种被动的局面，善于接受并巧妙地去化解客户的这种顾虑，使客户放心地去购买自己想要的商品。

★　营销心理策略

"买的没有卖的精"，这是很多人消费时的想法，害怕自己上当受骗，尤其是面对销售员时，人们更是心存警惕。其实，客户产生怀疑是正常的，也是销售过程中客户的共性表现，销售人员需要做的就是清除这种阻碍，消除客户的戒备心理，让其放心购买。

1．提供信息，让客户自主判断产品优劣。"先生，我们专门生产纯实木家具，这您是知道的。纯实木家具的判断方法有……您可以从……方面区分纯实木家具、实木家具和贴皮家具。您再仔细看看咱们的家具，是不是符合您和夫人的要求。"将评判权给了客户，还有谁会怀疑产品的质量呢？

2．判断客户真正关注的，提供相应的证据。"女士，我们的产品都是经过权威部门检测的。您请看，这是检验报告，这是获得的证书……况且，万一出现质量问题，厂家承诺三倍货款赔付。"有了这样的保证，客户的戒备心理自然就放松了。

3．让客户亲自体验。销售人员适时地请客户亲自体验一下，像玩具先让小孩玩一会儿、衣服让顾客试穿、各类幼儿培训机构安排免费体验课程等，都是基于这个道理，因为客户亲自试了，疑虑自然就不存在了。

4．主动说出产品的不足。"这衣服掉了一颗扣子，您回去自己缝上一样穿，我赠您一张折扣卡……""我们的产品虽然不如××知名，但是质量上绝不含糊……"若销售人员看出客户担心产品质量或功能，可自曝其短，让客户增强对你的信任，进而也会相信你的产品。

抱怨心理：及时化解客户的不满

※　心理学故事

娟娟上个礼拜在一家宠物专卖店里的海报上看到一款非常适合自家狗狗穿的衣服，但她喜欢的那种款式却正好卖完了。宠物店老板看到娟娟对那款狗狗衣服十分喜爱，就告诉她说，店里过两天要去订货，只要她先预付些定金，就可以帮忙给她订一件。

过了两天，宠物店老板通知娟娟来取衣服。当娟娟拿起衣服时，却抱怨说："怎么看起来这件衣服的质量不怎么好呢？做工这么粗糙，到处都是线头。而且，颜色也没有图片上那么漂亮。"

站在一旁的宠物店老板看出这位女顾客的不满，微笑着说："真是抱歉，不过我敢保证，这种款式的衣服的质量绝对没有问题，因为它是刚出厂的货，我们还没有经过任何修剪，所以线头就多了一点。你要是不着急拿回去穿的话，我很乐意帮你把这些线头修得整整齐齐的。再一个就是图片与现实中的颜色可能多少会有一点偏差，不过我现在知道了，你比较喜欢图片上的这种颜色，希望你没事常来逛逛，下次我一定给你留意这种颜色的衣服。"

娟娟听到宠物店老板如此真诚的解释，心中的抱怨一下子就排空了，高高兴兴地付了钱回家给狗狗穿新衣服去了。再后来，她成了这家宠物店里的常客，而且还介绍了不少爱养宠物的朋友来光顾。

在销售中，销售人员难免会遇到客户各种各样的抱怨。如果此时我们的销售人员不能正确处理掉客户的抱怨，那么将会给自己今后的工作带来极大的负面影响。因为对你产品不满意的客户很可能会把他的这种不满意散播给他身边的亲朋好友，而他的亲朋好友也同样会用他的这种遭遇再去告诫自己的亲朋好友。如此下去，其破坏力是不可低估的。所以说，一定要学会积极回应客户的抱怨，努力做到让他们传播自己的好名声。

通常来讲，客户的抱怨主要来自于以下几个方面：客户对产品的质量和性能不满意；客户对销售人员的服务态度不满意；产品的安全性能以及售后服务、价格等因素也都可能引发客户的抱怨和不满。其实，客户的抱怨不管是对厂家还是对销售人员本身来说，都是在提醒他们要不断完善自身，做到最优最好。而且抱怨很大程度上是来自期望，当顾客发现自己的期望没有得到满足时，也会促使抱怨的爆发。如果销售人员能够及时地处理这些抱怨，很有可能使坏事转变为好事，不仅不会影响销售，反而会使销售更上一个台阶。

销售员：孙总您好，我是彭帅，公司给您发的货收到了吗？

客户：彭帅啊，我正要打电话找你呢，货是收到了，可我打开包装一看，有几件已经损坏，这是怎么回事啊？

销售员：哦，那可能是装箱或运输过程中，发生碰撞导致的。发货时我在现场亲自检查过的，绝对没问题。这样吧，孙总，您一会儿统计一下，看损坏了多少件，我跟领导申请一下，再如数发过去。给您带来的不便，还请您多谅解。

客户：哪里的话，我还要谢谢你呢。那我这就让工人清点一下，稍后告诉你。彭帅，发生这样的事，你们是不是得跟物流公司讨个说法，要不这一年得损失多少啊？

销售员：谢谢您的提醒，我一定会跟公司反映这个情况的。

面对客户对产品损坏的抱怨，尽管不是销售员的责任，但他亦没有做任何的推脱，而是立刻做出了"补发"的解决方案，反而让客户感到有些不好意思。由此看来，当客户有了抱怨时，作为销售员的我们首先要做一个忠实的倾听者，一定要克制住自己的情绪，先让客户把话说完，然后尽可能冷静、缓慢地交谈，对客户提出的各种问题做到逐一解决，如果实在解决不了，可以向自己上司寻求帮助。这样可以在一定程度上缓解客户激动、愤怒的情绪，也能够为自己争取到思考的时间。只有当客户意识到你的真诚以及你服务的周到，客户的怒气才会慢慢散去。此时，所有的问题也就会迎刃而解。

当然，在应对客户抱怨的过程中，销售人员一定不要采取回避和拖延解决问题的办法。要敢于正视发生的问题，并尽可能快速地解决问题，要把客户的事情当作自己的事情来做，站在他们的立场上来思考问题，并对他们的抱怨表示理解，对客户表示抱歉……那么，你就一定能够化干戈为玉帛，化抱怨为友好。最重要的是，你会永远把这个客户留下来。

★　营销心理策略

面对客户的抱怨与指责，推卸责任给他人、对客户敷衍了事……都不是一个有责任心的销售员之所为，最终还是搬起石头砸自己的脚，因为一个不负责任的销售人员是无法赢得客户的信任和长期合作的，最终只能是业绩下滑和客户流失。那么，销售人员应如何化解客户的抱怨，获得他们的信任呢？

1. 认真倾听与提问。先倾听客户的意见，倾听客户的投诉，并设身处地为他们着想，表明你理解他们的不满，可以对他们说些"我理解您现在的感受"之类的话，通常顾客在抱怨时都不希望被看作一个无理取闹的人。让他们知道自己是对的，而且实际上他们说这些是在帮助你。

2. 真诚道歉必不可少。不管责任在谁，销售人员都应诚恳道歉，对客户的感受表示理解，对给客户带来的烦恼表示歉意，安抚客户的情绪，让其内心平静下来。

3. 明确责任。根据客户所述，销售人员要先弄清责任在谁，若是己方责任，则应再次致歉；若是客户责任，销售人员也不要直接归咎于客户，要为客户找好"台阶"下。

4．提出解决方案并跟踪执行。跟客户商谈解决方案，修补合作不愉快所留下的裂痕，并要确保同样的问题不会再次出现。销售人员还应主动跟进方案的执行，确保客户最终的满意。

第 6 章

对待不同客户的心理策略

一万个读者，就有一万个哈姆雷特。同样，每个客户都拥有独特的性格、心理和气质。在销售过程中，销售人员也应该用不同的方式去对待不同的客户。针对不同类型的客户特点，在销售策略上要因人而异，随机应变，从而对症下药，促成交易顺利成交。

对待冷静分析型客户的心理策略

※ 心理学故事

李琦大学毕业后，找到了一份保险柜推销的工作。有一次他打电话准备约见一位客户，电话那边的客户说话语气显出十分不悦，两人约好见面时间后，就匆忙挂断了电话。电话中李琦感到这位客户是一个难以应付的客户，所以需要自己做好比较全面的准备。

正因为李琦事先有了一定的心理准备，李琦到客户家的时候并没有太多的紧张。原本想和客户开个玩笑，以缓和一下气氛，但是看见面前这位客户严肃的表情，心里觉得有些不合适。在向客户做产品介绍时，李琦说得特别详细。在客户询问时，他也回答得比较有条理，还时不时地把客户的意见用小本记录下来。这一点让客户感到很满意，觉得这个小伙子是一个细心稳重的人。

在后面的交谈中，李琦发现这位客户对产品的销售数据很感兴趣，于是他就给客户提供了一份该产品的市场调查报告，使客户能够更了解自己产品的真实销量。李琦自始至终表现得都很自信，这让客户感到很踏实。通过一系列细节的考察，客户对于他推销的保险柜非常满意。最后客户决定购买，李琦完成了自己做销售以来的第一单。

在李琦推销的过程中，他都是紧随着客户步调，并逐步摸清该客户的心理，投其所好，营造了一个井然有序的氛围，而这正是冷静分析型的客户所喜欢的。李琦用具体的数据打动了客户的心，就是让挑剔的客户没有可挑剔之处。总之，分析型的客户考虑比较周全，那么销售人员就应该做到更加周全，只要能在细节上让客户心服口服，交易自然就会成功。

冷静分析型的客户大都具有良好的素质和专业素养，对于销售人员提供的产品和服务，这类人往往具有准专家的知识储备。面对这类客户，的确会让大多数销售人员头疼。此类型的客户对所销售的产品很了解，仅仅靠销售员的奉承和赞美这样的小伎俩是没有用的。他们处理事情的方式是冷静的，他们喜欢用数据说话，不喜欢那种感性的表达。如果销售人员主动跟他们称兄道弟，可能他们嘴上不说什么，但是在心里，他们是不在意，甚至还会产生反感的情绪。

因此，销售人员在面对冷静分析型客户的时候，需要把功课做得更细化，因为不是吃吃喝喝、培养感情就能够解决问题的。在销售过程中，要想不被客户看扁，让客户心服口服，你自己就要准备充分，让自己成为这个行业的专家，能够给客户一些建设性的建议，而不是总被客户牵着走。一旦销售的进程全部被客户牵着走，这种生意就很难做成了。

相对于那些看上了就买和粗心大意的一类客户，分析型客户就显得磨蹭不少，这类的客户买一样东西一定要左比右比、左挑右选，确定没有任何问题之后才会购买。他们在购物时，最大的特点就是爱挑剔，喜欢分析。冷静分析型客户的角色类似于一个考官，销售人员作为考生，需要经过他的专业考核，然后才能够与之谈合作关系。这类人既有原则性，也有专业性，只要我们的行为能够被接纳，做成长期客户的可能性还是很大，因为分析型客户的选择不是随意的，他们一旦选择了你的产品，也不会轻易更换，毕竟他们在考察产品阶段花费了很大精力，这种客户一旦搞定，很可能会成为很忠实的客户。

对于销售人员来说，与冷静分析型的客户打交道也是很困难的事，有时候会被这类客户的挑剔弄得不知所措。因此，在与分析型客户交往的过程中，一定要严谨，讲究条理性，在细节上也要做到无可挑剔。如果销售人员过于大意，粗枝大叶，条理不清，言语不准，根本就无法赢得这类客户的信任，甚至还会引起他们的厌烦。当然，销售员无论在任何时候，都要注意给客户留下一个好的印象，说话不夸张，不撒谎，也不强迫客户购买，适时地做些记录，表现出一副认真应对的态度。

★ 营销心理策略

冷静分析型的客户在选购商品时一般都比较沉着、冷静，每次做决策都要经过深思熟虑，考虑清楚交易能给自己带来什么，对销售人员及产品也比较苛刻。那么，销售人员该如何攻破这类客户的心理，成功交易呢？

1.放松自身、勇敢自信地面对客户，呈现一个专业、干练、沉稳的形象；多倾听，有意识地挖掘其兴趣点，博得其好感。

2.围绕客户关心的主题，以逻辑性的语言解答客户的疑惑、说明产品的价值，让客户充分认识到产品的优势及能给他们带来的利益。

3.产品说明语言最好条理分明，内容应多从产品、服务、信息等方面入手，多用真实的数据和案例进行对比分析，打消他们的疑虑。

4.诚信为本，不能信口开河，自己不知道要诚实告知，不能因不懂装懂而失去客户的信任；也不可弄虚作假，一旦被识破必将损失惨重。

对待优柔寡断型客户的心理策略

※ 心理学故事

女客户："这衣服也不知道我老公看了会不会喜欢。"客户看着镜中的自己喃喃自语。

营销员："您是担心这个啊，哈哈，女为悦己者容，能理解。看得出来，您也是一个幸福的人！"

女客户："是啊，所以我想回去问问他的意见！"（脸上洋溢着笑容，幸福地说道。）

销售员："不过，我想先向您请教一下，您担心您家先生可能会对这件衣服的哪里不满意呢？"（销售员进一步引导以获得客户的真实想法）

女客户："我怕他觉得这衣服太花哨，不喜欢！"

销售员："那您觉得花哨吗？"

女客户："我感觉还可以！"

销售员："是啊，这衣服虽然颜色亮、图案稍夸张，但穿上并不觉得另类，尤其是穿在您身上，与您的气质、肤色都很相称，效果非常好！回到家，您这身与以往不同的打扮，您爱人看到肯定会眼前一亮的！不信，您问问这位大姐。"

"您觉得我穿这件衣服好看吗？"客户转头就去问一旁也在挑选衣服的女士。

女士说："嗯，真是不错，挺好看的，这衣服多少钱啊？" 这位客户看着女士艳美的目光，脸上露出了满意的笑容："就这件了，你帮我包起来吧！"

通过上述案例可以看出，当遇到优柔寡断、没有主见的客户的时候，销售人员要保持足够的耐心，有问必答，不要表现出任何急躁、不满情绪；说话语气坚定、态度坚决自信，不能让客户因你的举止行为、言辞而产生拒绝的理由；逐步诱导客户说出自己的疑虑所在，然后根据具体问题进行详细讲解，消除其疑虑和担心；判断客户确实已有购买欲望后再采取适当行动，促使其做出决定，达成交易。

生活中，有些人在购买商品时，表现出一副犹豫的样子，情绪时好时坏，销售人员已经把产品以及服务等各方面的信息介绍得很全面，对方也没有表示出多大的异议，但总是拖延下单的时间，总爱说"我再考虑考虑""我再问问别人""我回去再想一下"等，就是不能下定决心。这样的客户，我们称为优柔寡断型客户。

优柔寡断型客户在选购商品的时候总是会左比右比、左挑右选，在确定没有任何问题之后才会决定购买。这种类型的人在购买商品时最大的特点就是磨磨蹭蹭，犹豫不决，拿不定主意。这类客户比较注重细节，更加相信自己的判断，因此，在选购商品时，这种类型的客户总是慢条斯理，表现得十分谨慎。优柔寡断型的客户还喜欢提问题。对于他们提出的问题，销售人员最好给予明确的答复，如果你试图回避一些问题，那么他们的疑惑将随之增大，合作成功的可能性也会随之变小。

对于优柔寡断型的客户来说，产品质量和服务水平的高低、价格以及优惠活动是他们考虑最多的因素。他们购买产品往往要通过自己多次分析，其目的只是想要买到货真价实的东西，避免上当受骗，所以会很谨慎地审视一切。如果没有什么疑问，才会安心购买。因此，在面对客户审视的时候，销售人员没有必要感到窘迫，真诚地面对他，接受他的检查就是了。

其实，优柔寡断型的客户是普遍存在的，从心理学上来说，人对于自己在乎的得与失都会犹豫；不在乎的，则很容易做决断。面对犹豫型的客户，销售人员一定要具有引导他们的能力，可以通过讲故事的方法引导他们尽快做出决定。比如，一个犹豫是不是要做个美容的客户来到你的美容院，你接待的时候可以这样说："某个不爱收拾、不注重形象的女人，受到她老公的嫌弃"等，这类故事能够促进她们下决心来改变自己，对于促进业务发展有很大的帮助。

讲故事的目的在于向客户提供足够的购买理由，好的故事可能启迪客户从新的角度、视角去看待生活，让客户有醍醐灌顶的感觉，从而激发他强烈的购买情绪，从而达到我们的销售目的。

总之，优柔寡断型客户在交易过程中患得患失、不轻易做决定、决策易受他人影响。所以，销售人员在面对此类客户时，除了打消其顾虑、给出专业意见外，还要学会帮助客户做出选择，促使真正有意向的客户放弃顾虑，马上购买。

★　营销心理策略

作为一名销售人员，面对优柔寡断型顾客该如何应对呢？掌握下面的方法和策略或许会让客户尽快下单。

1.假定客户已经同意下单。优柔寡断型的客户通常有购买意向，但却总是不能下定决心购买产品。此时，你可以试着采取这个方法：强行主导客户的思维，并对其进行诱导，进而完成下单。当客户犹豫不决时，销售人员就可以抓住时机对客户说可以先做一下尝试，试一下效果，如果效果好了，再决定是否继续订购。这样的建议实际上是把客户的思维直接引到销售人员这边了，此时客户考虑的问题就不是做不做的问题，而是怎样做才好，合作事实上已经达成。

2.解除客户的疑虑。有些客户即便已经决定购买产品了，还是不会迅速下订单，他们时常会在一些细节问题上琢磨，从而延误下单的时间。遇到这种情况时，销售人员应该迅速转变说服策略，询问客户相关问题，给予客户最为清晰的解答，一旦所有的问题都解决了，客户决定下单的时间也就到了。

3.欲擒故纵。有些客户已经对你的产品表示出了兴趣，所有关于产品的细节问题也已经得到了满意的答复，可是本性使然，他就是拖拖拉拉不下单。此时销售人员不妨试试欲擒故纵这招。销售人员可以装作要走的样子，慢慢地收拾自己所有的东西，在收拾东西的这一小段时间内，这类客户可能就会下定决心下单。

对待果断干脆型客户的心理策略

※ 心理学故事

　　小杨是一家设备公司的销售人员，他联系了一位客户，是某公司的方经理。小杨向他介绍一套办公设备，与客户约定早上9点在方经理办公室见面。按照地址，小杨顺利地找到了客户所在的办公大楼。他意外地发现，方经理的秘书已经按照经理的吩咐在等小杨。这让小杨感到受宠若惊，异常欢喜。

　　方经理对小杨非常热情，并且主动和他聊天。小杨在与方经理沟通的过程中，仔细观察方经理的言行举止，并做出判断：方经理是一个不拘小节、做事果断干脆的人，应该很容易交流。于是小杨也不再拘谨，而是顺着方经理的话题，侃侃而谈，并直接提出了办公设备的话题。对于方经理关于产品的一些提问，小杨总是很清晰、准确、简洁地给予答复，说话不拖泥带水，给方经理留下了专业、干练、诚恳的好印象，因而更加拉近了彼此之间的距离。

方经理也坦率地向小杨说明了自己对于办公设备的想法，小杨很快就针对他的想法提出了合理的方案，让方经理很是满意。最后，方经理痛快地订购了整套设备。

不得不说，小杨是一个销售高手，有着非同一般的观察能力。在与方经理的沟通过程中，他已经判断出方经理是一个果断型的人，于是他主动将话题拉到了他所要销售的产品上。并且，他介绍产品时非常干脆利落，为方经理提出了合理的方案。方经理也不由自主地被他的气场所影响，于是非常痛快地签下了协议。

相对于优柔寡断型客户，大部分销售人员还是更喜欢与果断干脆型客户打交道。在和果断干脆型客户交谈的时候，销售人员会感觉非常愉快。干脆型客户讨厌啰唆，因此，销售人员在介绍产品时不要没完没了，只要找到客户关心的重点问题谈就好。果断型客户有一个显著的特点就是，比较有主见，能够迅速地做出判断。但是，他们的决定也会比较武断，喜欢就会很痛快地购买，不喜欢的话就会果断拒绝。销售人员要跟上他们的节奏，说话要干脆利落，回答问题要准确清晰，决不拖泥带水。

在应对果断型客户的时候，销售人员唯一要做的就是干脆利落地将产品的优点迅速呈现在客户的面前，切勿啰唆。摸清客户的兴趣和意愿，顺着他们的话题说，并想办法引起他们的关注，巧妙地把产品引到谈话当中，让客户在不知不觉中被吸引，然后快速下单。

张民是一位资深保险销售人员。一天，他打电话给李先生。

李先生是一位退役军人，具有典型的军人脾气，说一不二，刚正而固执，做什么事都干干脆脆。

张民说："先生，保险是必需品，人人不可缺少，请问您买了吗？"

李先生斩钉截铁地回答："年轻人当然需要保险，我老了，又没有子女，所以不需要保险。"

张民说："您的这种观念有偏差，就是因为您没有子女，我才劝您购买保险。"

李先生："要是你能说出一个令我信服的理由，我就投保，我说到做到。"

张民说："如果有儿女的话，即使丈夫去世，儿女还能安慰伤心的母亲，并承担起抚养的责任。一个没有儿女的妇人，一旦丈夫去世，留给她的恐怕只有不安与忧心吧！您刚刚说没有子女所以不用投保，如果您有个万一，请问尊夫人要怎么办呢？我知道您是关心您夫人的……"

最后，张民以平静的口吻说："到时候，尊夫人就只能靠抚恤金过活了。一旦搬出您的宿舍，无论另购新房还是租房子，都需要一大笔钱呀！以您的身份，总不能让她住在陋巷里吧！我认为最起码您应该为她准备一笔买房子的钱呀！这就是我热心劝您投保的理由。"说完最后一段话后，李先生默不作声，张民也静静地等待着。

隔了一会儿，李先生点头说："你讲得有道理，好！我投保。"

果断型客户有一个明显的特点，就是对任何事情都很有自信心，凡事亲力亲为，不喜欢他人干涉。但是，如果他信服某件事，就会比较积极爽快。需要提醒的是，果断型客户更喜欢做事果断的销售人员，这类客户对于缺乏果断能力的销售人员内心是抵触的。因此，销售人员不仅要学会引导果断型客户做决策，还要使自己在面对这类客户时变得更为干练和果断，使得自己的做事风格与客户相匹配，从而赢得客户的认同和肯定。

★ 营销心理策略

遇到果断干脆型的客户，销售人员最有效的应对策略就是：讲求效率与速度，直抒胸臆、速战速决，否则失败就在眼前，甚至你还没反应过来就已被下了逐客令。如何赢得这类客户的喜爱、成功达成交易呢？销售人员应在语言和行动上下功夫。

1. 与客户的风格保持一致。若判断客户属于果断干脆型，销售人员就让自己也显得干练、直接一些，说话简单一点、做事麻利一些，与客户的风格相一致，这会大大提高你在他们心中的印象分，使其更愿意与你接触和沟通。

2. 直截了当说明意图。此类客户注重效率，喜欢直来直去。所以，一见到客户，销售人员就要直接说明来意，别拐弯抹角说上一堆；在讲解产品时，语言尽量简单明了，只要针对客户的需求突出自己产品的优势和特点就可以了，切忌面面俱到。

3. 善于观察，抓住成交时机。此类客户一般都是喜形于色的，对自己感兴趣的产品会表现出极大的热情。销售人员要留心观察其言行，判断其不自觉流露出来的各类暗示，并抓住时机直接提出成交请求，以促成交易。

对待标新立异型客户的心理策略

※ 心理学故事

"小姐，您好，想选件风衣？"见一位年轻女士停在一款设计时尚、个性的风衣面前，导购员赶紧上前打招呼。

"嗯，这件风衣多少钱？"女士问道。

"1080元，不过现在店庆搞活动，您现在买的话880元。您要是喜欢可以试穿一下，我看您的身材高挑，非常适合这种长款的、有个性的风衣！"

这位女士试穿后也觉得很满意，脸上露出了开心的笑容，并询问导购员是否还能优惠。经过导购员的解释和请求成交后，女士很爽快地说："算了，帮我把这件衣服包起来吧！"

导购员因为生意谈成，心情也非常高兴，她边包衣服边恭维地说："小姐，您真是好眼力，很多人都喜欢这款风衣，这可是今春我们店卖得最好的一件衣服。"

"哦，是吗？"这位小姐听了之后，沉默了一会儿，然后微笑着对导购员说，"不好意思，我还是不要了，我可不想和别人穿同样的衣服！谢谢啊！"然后走出了店门。

这位女士属于标新立异型顾客，她对于穿着非常讲究，肯定不能容忍大街上很多人和她穿着一模一样的衣服，要穿的话，她就只会穿那些独特而与众不同的款式。"热卖""很多人都买了"这样的话切不可说给标新立异型的客户听，否则，就会像案例中的销售员一样，让到手的鸭子瞬间飞了。特立独行、标新立异、追求个性的顾客是不喜欢随大溜的，因此，作为优秀的销售员，一定要通过顾客的外表和语言，判断他是哪种风格的人，这样才能更好地留住顾客。

一万个读者，就有一万个哈姆雷特。这句话应用在销售领域里同样合适。每个客户都拥有其独特的性格、心理和气质，针对这种情况，销售人员在销售过程当中不应该用同样的方式去对待所有的客户，应该针对不同客户的不同特点，在应对方法上因人而异，随机应变，针对不同的客户选择有针对性的销售策略，从而对症下药，促成交易的顺利成交。

标新立异型的客户通常衣着很随便，但是非常时尚，且能够从他们的衣着上看出潮流的影子。与他们交谈时，他们会表现得朝气蓬勃，因为他们谈话时眉飞色舞，肢体语言相当丰富。他们的个性比较自由，个人想法比较多，喜欢广交朋友，是人际关系处理方面的高手。他们的行为不拘小节，所以迟到是司空见惯的事情。

与标新立异型顾客交谈时你会发现，他们关心的问题总是谁在使用它。如果这个产品只有部分有名望的人在使用，那么，他们大多数情况下会购买；但如果这个产品已经成了满大街的东西，他们是不会随便收入囊中的。比如在购买名表名车时，他们不会过多地关注这些产品的功能或者性能，他们更关心的是有多少人在使用它，什么人在使用它，因为他们永远会把购买的产品当作是体现其地位或身份的象征。

在和标新立异型顾客交流时，你一定要让自己也变得与众不同起来。自己变得有个性了，他们才会认为你是一路人，他们才会喜欢更进一步地跟你交流。同时，你还要注重你沟通的方式，话题一定要广泛，让顾客觉得你是个知识渊博，有个性的人。并且你能和他们很默契地找到共同的兴趣点，这样就可以引起他们对你潜意识里的欣赏与崇拜，这时候你再适当地加入一些对于产品的介绍，成功的概率就大大提高了。

总之，在面对标新立异型顾客的时候，你一定要善于从他的外表和言行中发现他的心理需求，然后尽量向他靠近，和他一样成为有个性的人。这样一来，这类顾客就会把你也看作很有品位的人，在购买时就会听从你的意见，接受你的推荐，如此，本次销售离成功也就不远了。

★ 营销心理策略

面对标新立异型的客户，销售人员该如何应对呢？

1. 把"独特"卖给客户。在向客户推介产品时要着重强调产品是刚上市新品、限量版、有个性等，满足他们追求个性、追求与众不同的心理。

2．面谈前要营造一个轻松的氛围，如地点选择、"暖场"语言等都要注意。且在交流过程中，销售人员不要总说你的产品，多聊聊题外话，天文地理、奇闻逸事、时政要闻等，最好能有你自己的"新鲜观点"，让对方觉得你知识渊博，引起对你的崇拜，接下来再适时加入你的产品，他们会很容易接受。

3．因为这类客户喜欢交朋友，所以销售人员可先与之建立良好的关系，成为其朋友，那么你的产品在他需要的时候自然会购买。

对待沉默内敛型客户的心理策略

※ 心理学故事

　　小王是某品牌电脑的销售人员。一天，一位先生来到店里看电脑。柜台里的两名销售人员赶紧上前主动向他打招呼，并再三询问他需要什么样的机型。在这两名热情洋溢的销售人员的轮番轰炸之下，这位顾客明显有些窘迫不堪，然后默默地准备离开了。

　　有经验的小王一眼看出该客户是一个比较内向的人，于是连忙走到那位先生面前，主动说："先生，您看上什么品牌的电脑了，来我们店这边坐坐吧，我们店里各种品牌的电脑都有，我可以先安排我们的技术人员详细地跟您介绍我们的几款新产品，然后您根据自己的需求挑选就是了。您有什么问题尽管大胆问我们技术，他是一个很和气的人，我们很乐意为您服务。"客户听到这些，觉得不用自己多说话，先听听技术的推荐也好，于是放心地来到了小王的店里，很快促成了生意。

　　沉默内敛型的客户嘴上不说，但是心里有数，他们往往不轻易发表意见，但是如果开口，所提的问题总是会切中要害，很实在，也很尖锐，使销售人员难以应付。实际上，内敛型的客户并不是冷若冰霜，难以沟通，而是在冷漠的神情之下掩盖着一颗火热的心。只要通过他的判断，觉得你比较诚恳，就会自然表达出十分的善意，等到彼此熟悉起来，他就会变得十分信任你、依赖你，并乐意购买你的产品。

内敛型的人大多性格比较封闭、不易接近，感情及思维活动更加倾向于心灵内部，感情也比较深沉，不善言辞，待人接物小心翼翼，不喜欢和陌生人接触，喜欢独处。反映在消费的过程当中，内敛型的客户总会精挑细选，甚至久久拿不定主意，这样就使销售人员的工作很难展开。特别是销售人员上门推销的时候，内敛型的客户更会提高戒备心，时时处处小心，对销售人员态度冷淡，说话甚少，销售人员问一句，他答一句，不问就不答，致使交谈的氛围比较沉闷。

内敛型的客户最大的一个特点就是任凭你口若悬河、引经据典地评说，他们依然气定神闲，无动于衷，仿佛在很认真地听你讲，但似乎又心不在焉，这样的状态时常令销售人员不知所措。其实，内敛型的客户在听你的讲述时，正在自己的心里具体分析你提供的信息。他们有自己的"小算盘"，只不过他们一时不能迅速整合销售人员提供的信息，因而思考的时间比较长，对你的讲述没有做出及时的反应，因此显得有些心不在焉。但是一旦这些客户分析完自己掌握的信息，认为自己足够了解了销售人员推销的产品时，合作的成功性就会很大。

针对内敛型的客户，推销专家建议在沟通过程中，讲话要富有条理性和专业性，要把产品的优点和缺点一一展示出来，提供的信息要尽量全面，要有耐心，并适时保持沉默，给客户以足够的思考时间进行决策。

所以，销售人员对待内敛型客户时要理解他、体谅他、接近他，消除他的质疑，让他感觉到安全、温暖和踏实。慢慢地取得他的信赖之后，再向他销售产品就是水到渠成的事情了。

王建是某手机超市的销售人员。有一天，一位先生来店里看手机，很多当班的柜台销售人员都主动跟他打招呼，热情地询问对方需要什么样的手机。每一次被询问，这位先生都只是说自己随便看看，到每个柜台前都是匆匆地浏览一下就迅速离开了。面对众多销售人员的热情询问，这位先生显得很不自在，脸涨得通红，转了两圈，觉得没有适合自己的手机，就准备离开了。

根据经验，王建判断出该客户是一个比较内敛腼腆的人，并且根据观察，王建断定客户心中肯定已经确定了某一品牌的手机，只是由于款式或者价格等原因，或是由于被刚才那些销售人员的轮番"轰炸"，有些不知所措而一时没了主意。

于是，王建很友好地把客户请到自己的柜台前，温和地说："先生，您是不是看上某款手机，但觉得价格方面不是很合适。如果您喜欢，价格可以给您适当的优惠。先到这边来坐吧，这边比较安静，咱们再聊聊！"客户果然很顺从，王建请他坐下，与他聊起天来。

王建开始并没有直接推销手机，而是以闲聊的方式说起自己曾经买手机，因为不善言辞而出丑的事。他说自己是个比较内敛的人，做销售这几年变化挺大。与客户聊了一些这样的话题以后，客户显然对他产生了一定的信任感，于是在不知不觉中主动向王建透露了自己的真实想法。王建适时地给他推荐了一款机型，同时王建还给客户留下了自己的电话，保证手机没有质量问题。最后，客户终于放心地购买了自己想要的手机。

其实，内敛型客户并不是真的冷若冰霜、难以沟通，他们往往用冷漠来保护自己，其实拥有一颗火热的心。只要客户通过自己的判断觉得销售人员比较诚恳，他就一定会表达出善意，而双方越熟悉，他就越会信任，甚至依赖销售人员。对于缺乏判断力的内敛型客户来说，只要他信任，他甚至会让销售人员替他做决定。如果他对产品感到满意，他就会变成忠实客户。因此，开展温柔攻势及切实为客户着想，获取客户的信任是销售人员面对内敛型客户时的制胜法宝。

★ 营销心理策略

面对内敛型客户，交谈的氛围会显得有点沉闷，销售人员的心情也会比较压抑，想要迅速促成交易，首要的任务就是撬开他们的金口、让其透露心声。

1.接近客户。面对内敛型客户，销售人员不要急着推荐产品或只顾着介绍产品，当务之急是接近客户，用心拉近与客户的距离，比如，以亲切、诚恳的态度拉拢客户，让其感受到你的诚实与稳重。不管客户多么冷淡，销售人员都要用热情和真诚去化解客户的负面情绪，激发其沟通的积极性和主动性；要有耐心，在客户不说话时不要表现得急躁、生气，和颜悦色是正道；要善于营造轻松的交流氛围，让客户放下心理压力，轻松畅谈。

2.引导客户打开话匣子。察言观色，通过其表情、眼神、行为举止等，找到客户的真正关注点及其感兴趣的话题，并以此为交谈的切入点，客户必然愿意与你交流。问一些开放型的问题，如"您经常网购吗，对网上支付还满意吗？""您觉得某品牌的产品最令人满意的地方是什么？"，打开客户的话匣子，引导其说出自己的购买需求。

对待爱慕虚荣型客户的心理策略

※ 心理学故事

　　吴小姐是一家时装店的店员。她是一位很有销售经验的销售员，能够在客户还没有说话之前就判断客户是否是一个爱慕虚荣的人。一天，一位打扮雍容华贵的中年女士走进店里，在店里转了两圈后，在高档套装区的一套衣服前停了下来。这位女士个子比较小，从她的表情来看，脸上有一股坚毅的表情，这样的女士自尊心和虚荣心是比较强的，而且看得出来，还是个很精明的女人。

　　吴小姐连忙走过去招呼她，礼貌地介绍："小姐，这套服装既时尚又高雅，如果穿在您这样有气质的女士身上，一定会让您更加高贵优雅。"女士点点头，表示同意。吴小姐见她很高兴，对这套衣服也比较满意，便又说道："这套衣服质量非常好，虽然价格很贵，但是适合您。您知道吗？我们这款衣服一共只有几件，其中一件已经被一位影星买走了，还有一件，也被我们本地一位著名企业家的夫人订走了，我觉得您的气场和她们比起来，都是同类人，要不我马上给您包起来？"

女士听完吴小姐的话之后，立刻露出了笑容，谦虚地说："谢谢啊，您过奖了，我就是一个普通人，怎么能够和明星比。"吴小姐强调了一下，说："我真不是在恭维您，您身上散发的气质是天生的。我觉着这件衣服适合您，看您的手，就知道您是富贵之人啦，买下吧。"那位女士听了愈发高兴。吴小姐连忙开了单子，这位女士就去收银处交款了。

每个人都喜欢被恭维，虚荣型的客户尤其如此，他们更注重自己的面子。因此销售人员在意识到这一点后就应当给足你的客户面子，多说一些恭维话，既能赢得客户，让他的自尊心得到满足，又能让他风风光光地把东西买走。

每个人都有虚荣之心，爱慕虚荣是一种很普遍的心理。比如，人们总是喜欢与有名气的亲戚和朋友套近乎；热衷于时髦服装，对时尚的流行产品比较敏感；不懂装懂，害怕别人说自己无知；当受到别人的表扬和夸赞时，沾沾自喜，扬扬得意，自我感觉良好……这种虚荣的心理在日常生活中十分常见。

爱慕虚荣型的客户其实很容易从客户群中分辨出来，他们多数都是名牌商品的追逐者，当他们走到销售人员面前的时候，会自觉不自觉地炫耀自己的某种物件，或者自己的漂亮容颜。他们是随时准备开屏接受别人赞美的孔雀。

对于这一类的客户，最好的方式就是对他们保持一点点的崇拜感。虚荣型客户在别人面前摆阔气、讲排场，其目的就是要得到别人的赞美和恭维，让别人对自己产生尊重和重视，并从中得到愉悦。所以，针对这类客户，销售员应该给足他面子，适当地说些恭维的话，让他的虚荣心得到满足，推销即可成功。

其实，对于虚荣型的客户，一旦碰到合适的赞美，他们就会卸下自己的警惕心理，迅速拉近彼此的心理距离，从而能够加速成交的进程。

一次，有一个成功的商人魏先生决定在自己的家乡捐建一所学校。这位销售人员想获得该学校座椅的生意，于是就和这位魏先生约定好见面。见面时做了简单的自我介绍之后，这位销售人员便一脸真诚并极其自然地说道："魏先生，我在等着见您的时候，细心地浏览了一下您的办公室，心想如果我能有这样的办公室，那该多好，我从来没有遇见过设计得如此巧妙合理的办公室。"

魏先生听完高兴地说："这个办公室很漂亮是不是？这是我亲自设计的，室内的布局也是我一手安排的，当时确实花费了我一些心思。"这位销售人员一边仔细地听着，一边走过去用手摸摸壁板，说道："这是英国橡木做的，对吗？和意大利橡木稍微有些不同。"

魏先生回答："嗯，那是从英国本土运来的橡木。我幸好也略懂一些木料方面的知识，这些材料都是我亲自挑选的。"

随后，魏先生领着这位销售人员参观他亲自设计的房间格局、装饰图案及墙壁的颜色等。当他们在室内赞美木工的手艺时，魏先生走到窗前站住了脚，然后亲切地表明自己要捐建一所学校，用以回报社会，这位销售人员适时热忱地赞许了他这种慈善的举动。

这位销售人员从上午 10 点 15 分走进魏先生的办公室，到中午的时候他们依旧亲切地交谈着。谈话的最终结果是这位销售人员拿到了 10 万元的订单。

这位销售人员很聪明地把握了魏先生的性格，他明白魏先生喜欢被赞美，甚至有些虚荣，于是投其所好，尽情赞美，效果不言自明。

"每个人都有虚荣心，每个人都喜欢被赞美，尤其是虚荣型的客户，对赞美的要求更高。赞美的话，别人听了舒服，自己的身份也不会因此受到损害，于人于己都有好处，何乐而不为呢？"这位销售人员说出了他业绩出色的秘密武器。

人人都有虚荣心，大部分人都喜欢听取对于他们的赞誉，毕竟，在这个时代还是非常需要存在感的。但是赞美别人时要适度，若是太多，就容易让客户产生不真实感，就会使客户对你的人格有所怀疑，从而对你产生戒备心理；赞美还要有事实依据，不能无中生有，否则就会适得其反。因此赞美时要把握分寸，这样才能让客户满心欢喜。赞美是把利剑，对从事营销工作的人，有很大的作用。因此，应该熟悉、掌握它，不仅要懂得珍惜它，恰到好处地运用它，最重要的是要真诚地运用它。

★ 营销心理策略

虚荣心强的客户会在在销售人员面前尽量表现得很富有，他们最不能容忍的就是别人说自己没有钱，买不起。如果销售人员对其表示出轻视的态度，其自尊心就会受到很大的伤害。这样的客户需要得到销售人员的夸奖，如果你夸奖他们有钱，那么他们就更愿意在你这里消费得更多。

作为销售员，一定要掌握好对客户的攻心说服技巧：

1. 给足客户面子，尊重不轻视，不随意贬低他们。可通过"VIP""贵宾"等字眼抬高其身价，切忌使用"便宜""打折"等字眼，这会伤了客户的虚荣心，影响其心情。

2. 逢迎对方的虚荣心，多赞美。如称赞其眼光好、品位高、能力强等，或强调自己的产品适合"高端、有品位、追求时尚"的消费者使用，让客户得到莫大的心理满足。当然，赞美一定要适度，把握好分寸才能让客户满心欢喜。

3. 不要与客户唱反调，要顺情说好话，增强其对产品及销售人员的认同感。

4. 在适当的时候，销售人员也可用语言刺激他们，激将法能够"逼"其就范，当然要注意措辞，过激的语言会适得其反。

对待固执专断型客户的心理策略

※ 心理学故事

张涛刚刚从学校毕业，经过公司层层筛选及培训后，被公司分配到了客户王经理这里做汽车用品的分销工作。听公司的老员工讲，王经理属于很不好相处的那类人，被大家称为"刺头"。平时合作中，他提的要求最多，问的问题也最多，因此业务人员都不敢"碰"他。但张涛抱定"打不还手，骂不还口"的宗旨，相信自己一定能搞定。

第一天到客户王经理的公司，王经理告诉张涛第二天再去谈。第二天上午，张涛来到王经理的办公室时，对方却劈头盖脸地说："不是约你一早过来吗？看看现在已经几点了。"张涛红着脸没有说话，但是心里想："看来这个客户工作还挺严谨的，以后得注意了。"接着王经理给张涛宣布了他们公司的一些规章制度，安排张涛先熟悉一下他们公司的环境，俨然把张涛当作自己的下属对待。

三天后，王经理安排张涛与业务人员一起去二级市场做市场调查，在调查中张涛发现了好多问题。在市场调查结束后，张涛迅速给王经理提出了解决方案。但是，王经理听了张涛的建议后说："希望你把这些问题和建议用书面形式写出来，并且细化其解决方案，不要流于表面，解决问题才是关键。"

张涛一愣，心想："这个人怎么这样？态度冷淡也就不说了，怎么一点都不能听取别人的意见呢？"

在这个案例中，王经理就是一个典型的固执专断型的客户。在案例中有两处表现：一是向张涛宣布自己公司的规章制度，张涛并不是他的员工，可是他却越权安排张涛的工作；二是张涛不是他的下属，但他却直接安排张涛去做市场调查，这也说明了这个客户的霸道和专断。作为销售人员要想了解这类客户的真实意愿，就应该想办法让他们说出自己的意愿来，进而从他透露的有效信息中，为其提供最为合适的商品。这样做不但满足了这类客户的表现欲望，又不会使自己太过为难。

固执专断型的客户办事自以为是、态度坚决、行事果断，甚至像一个统治者一样，喜欢独断专行，不愿意跟别人废话，也从来不听从别人的劝说。在销售的过程中，固执专断的客户无疑是最难以说服的客户，会使销售人员感到十分头疼。因为固执专断的客户总是有着自己的想法和主意，虽然他们会很快做出决定，但是前提必须是你的商品能够完全符合他的要求。而且在选购的过程中，这样的客户往往言辞简单，不会向销售人员透露太多的信息，而是更喜欢提出许多的要求，比如"简单地说说你的意见让我听听""我觉得这个不合适，你能够帮我换一个更好的吗"。如果销售人员做得不好，那么客户基本会果断地选择离开。

固执专断型的客户总是以自我为中心，思想相对保守，总是希望别人能够认同和欣赏自己，更希望别人能够按照自己的意志去行事。也正是基于此，销售人员在销售过程中要善于变换主客关系，把客户转换到主人的位置上，让客户自己来评判和选择产品。譬如，销售人员可以说："先生，您喜欢哪种款式，想必早已经心里有数了吧！"或者说："您对我们的产品真是很有见地，我想可以完全由您自己来选择，我就不用再做介绍了。"这样的话就可以把客户推到主动的位置上来，让他自己说出自己的想法，既然是他自己所选择的商品，那么他自然不会再拒绝。

假如销售人员未能读懂客户的心理，而是给客户做热情的介绍，客户也许会直接打断销售人员的陈述，或者干脆提出很多问题来故意刁难销售人员，以维护自己心中固有的看法，并极力排斥销售人员，从而使自己处于主导地位。

"我只用××牌子的产品，其他的品牌不考虑！"客户冷冷地说。

"哦，它在哪些方面让您感到满意呢？"销售员回应道。

"很多啊，质量好、性能好、售后也不错。我家的洗衣机和冰箱都是这个牌子的，用着非常不错，结实耐用。"

"那确实不错，真替这个品牌有您这样的忠实客户而感到高兴。不过，我也研究过他们的产品，请允许我利用几分钟时间把它与我们的产品进行比较，请看……（讲述产品优于客户所使用品牌的性能及带给客户的利益）综上，我们这款产品从性能、使用寿命、能耗等方面更为突出，您不妨尝试一下我们的产品！"销售员娓娓道来。

"哦，跟我用的那些产品也没什么区别，不用再演示了，回头我自己对你的产品研究研究再说，要是感觉好的话，我会跟你联系的。"（客户的态度略有改善，接下来还要销售人员更好地服从他的安排和表态，做好"持久战"的准备。）

当固执专断型的客户表示对现状满意、不想改换新产品时，销售人员一定不能束手无策或者直接放弃。其实，还是有机会的。此类客户接受新事物、新产品需要一个过程，只有确认产品是安全的、实用的，他们才会选购。因而，销售人员要有耐心，做好打"持久战"的准备，急于求成只会让客户产生怀疑，让其固守的观念、心理更加强烈。

在这里，有一点尤其需要引起销售人员注意：固执专断型的客户尤其不喜欢销售人员的强制推销，当你越是热情地陈述该产品好，对方的疑心就会越重，交易就越难达成。

对于固执专断的人，我们最佳的合作态度是服从，因为他们有支配别人的习惯。对于这种客户，销售人员一定要有时间观念，约好什么时间谈工作就一定要按时赴约。在交谈中，思路要清晰明了，切忌拖泥带水，更不要闪烁其词或是词不达意。需要注意的是，尽量避免与对方发生冲突的最好方法，是不要和对方的观点对立或者在不恰当的时候提出反对意见，否则合作很容易失败。总之，销售人员要懂得满足对方的支配欲望，这样合作才能顺利进行。

★　营销心理策略

与这种客户合作的重点在于减少与对方产生对立的可能，但是又要适当地坚持自己的立场。销售人员最好使用如下应对策略：

1. 要有一套完整的营销策划方案，立场坚定，思维严谨，办事不能拖拉，要让对方明白，合作是有益处的。

2. 在其要求合理的前提下，完成其提出的任务，满足其要求。不要和对方的观点对立或者在不恰当的时候提出反对意见，否则合作很容易失败。

3. 适当地满足其控制欲，服从他的安排，以便合作双方相处愉快。

对待性格随和型客户的心理策略

※ 心理学故事

在一家电脑专卖店，进来一位姓张的顾客，导购员刘芳看到顾客进门，忙走过去介绍一款品牌笔记本电脑，言辞急切，劝说张先生尽快购买。张先生虽然点头称是，并微笑着倾听刘芳的介绍，却并没有购买的意思。

这时另一名导购员王刚经过对他们的观察，发现张先生是一个比较随和的人，缺乏主见。刘芳急于销售，显然已经有些让客户不舒服，激起了他的逆反心理，对刘芳表示出不信任，所以即使她再苦口婆心地劝说，张先生也是不会购买的。

于是王刚走上前来，礼貌温和地说："张先生，既然您暂时决定不了，不如我带您看看其他品牌的电脑，您可以对比一下，想好之后再做决定。"

张先生很高兴地同意了。王刚耐心地带他看了七八款笔记本电脑，并认真地介绍各款产品的特点。在他选出两款之后，又帮他做了详细的比较分析，最终张先生拿定了主意。鉴于王刚专业而周到的服务，张先生对他非常信任，成了他的忠实客户。

对于性格随和型客户，狂风骤雨式的狂轰滥炸起不了作用。说服这样的客户的最好办法就是消除客户的疑虑，用真诚打动客户，使客户没有拒绝的理由，最终水到渠成地促成交易。

性格随和型客户性格温和，态度友善，当销售人员向他介绍或者推销产品的时候，他们往往会比较配合，愿意听销售人员的"唠叨"，思维往往会被销售人员牵着走，即使销售人员表现得很不热情、很不积极，他们也能容忍，不会轻易发脾气。性格随和型的人乐于听取别人的意见及看法，有良好的沟通能力，给人以亲切的感觉，是很好的合作伙伴，相处起来十分容易。

性格随和型客户面对向他介绍或者推销产品的销售人员，他们往往会比较配合，不会让人难堪，他们说得最多的话就是"好"，无论什么都以"好"作为结束语，唯一说"不"的时候就是不买产品的时候。他们购买产品或服务时会考虑很多因素，且不会对别人造成影响。他们经常会问："这个产品容易操作吗？会不会影响别人？"即使他们并不需要产品或产品并不能达到他们的要求，他们也会耐心地等待销售人员介绍完。

性格随和型客户的最大缺点就是做事缺乏主见，比较消极被动，在购买时总是犹豫不决，很难做出决定。此时销售人员如果能够适当给其施加压力，就会迫使他们做出选择。如果销售人员可以用专业自信的语言给客户积极诚恳的建议，并多使用肯定性的语言加以鼓励，促使客户尽快做出决定，当然销售人员一定要注意施加压力的方式和尺度。销售人员要想说服这种类型的客户，最隐蔽而有效的方法就是消除客户的疑虑，用真诚来给客户制造压力，攻破客户的心理防线，使客户没有拒绝的理由。

销售员：您好，是石总吗？我是××人才网的牛驰。我看到贵公司的官网上正在招聘，我想了解一下，您有没有意向在专业的招聘网站上进行招聘呢？

客户：哈哈，你的电话打得太及时了，我正想要了解这方面的信息呢！

销售员：真是太巧了。那您什么时候方便，我去拜访您，给您带去一些资料！

客户：好啊，你下午就过来吧！我3点以后有时间。

销售员：（见面后）您就是石总吧？久闻大名啊！

客户：牛驰，××人才网的，欢迎欢迎，来来来，这边坐。我看你也是随和的人，咱们就直接进入主题吧，把你的资料给我看看！

客户一边看资料一边提出问题，并了解了有关合作的细节、优惠政策等。

客户：不瞒你说，你已经是第四个招聘网站的销售员了。就像你说的，与其他网站相比，你们的优势还是很明显的。咱们保持联系，我们也要再看看、考虑一下！

销售员：好的，那您再考虑考虑。

在接下来的一个月内，牛驰又跟这位石总联系了四次，拜访了两次，并就招聘效果、招聘文字方案等与石总探讨，并承诺提供一些后台的支持服务，最终顺利地签下了这单生意。

性格随和型的客户所期待的服务是要随时保持良好的沟通，他们希望得到的是一种被动的分享。因此在沟通的过程中要有非常大的耐心，他们决策的时间很长，因为他们对于问题的恐惧程度比较高，不喜欢承担风险，尤其不希望因为自己的原因而造成不必要的损失。因此在与之合作时，要给予其保证，使其放心，这样才可能促使交易顺利完成。

★　营销心理策略

对于性格随和型的客户，他们乐于听取别人的意见及看法，沟通能力强，然而要想成功与之合作，销售人员要用心做好以下事项：

1．不被客户的好态度、"好"言语所迷惑，要做好销售跟进，以免客户转而选择其他企业。

2．对竞争对手的情况要了如指掌，要让客户觉得你的产品比对手的产品更加物美价廉，获胜的希望才会加大。

3．一般情况下，性格随和型的客户做出决定的时间会很长，所以销售人员不能太急，也不能给予否认或者怀疑，要把握分寸，适当地给予对方思考时间及引导，这样才能保证推销的成功进行。

4．在适当的时候也可向其施加压力，迫使其尽快做出购买决定。当然，施压的方式要正确，不要让其感觉到自己受到了强迫。